FACULTÉ DE DROIT D'AIX

THÈSE

DE DOCTORAT

par

Henri BONSTÈRE

né à Lasalle (Gard).

AIX

Imprimerie Populaire, L.-M. Goirand, r. du Pont 20.

—

1881.

THÈSE

DE DOCTORAT

par

Henri BOISSIÈRE

né à Lassalle (Gard).

AIX

Imprimerie Populaire, L.-M. Goirand, r. du Pont 20.

—

1881

DROIT ROMAIN

De la propriété des eaux courantes.

GÉNÉRALITÉS.

L'étude de la propriété des eaux courantes offre, à notre époque, un intérêt considérable à cause des développements constants de l'agriculture et de l'industrie ; aussi cette question a-t-elle fait naître, de nos jours, en ce qui concerne les cours d'eau non navigables ni flottables, des discussions vives et passionnées. Elle ne pouvait offrir le même intérêt à Rome et, c'est ce qui explique que les jurisconsultes Romains n'aient jamais fixé sérieusement leur attention sur ce point. Nous ne trouvons en effet, nulle part, dans les compilations de Justinien, un corps de doctrines sur ce sujet; çà et là quelques documents épars, quelques textes confus, souvent contradictoires et qu'il est bien difficile de coordonner et de réduire en un système doctrinal

Il est bon, cependant, d'étudier et de connaître les divers textes que l'on trouve sur cette matière aux Instituts et au Digeste à cause de l'abus qu'en ont fait bon nombre de jurisconsultes, en les invoquant, de nos jours, dans les sens les plus divers dans la discussion soulevée sur la question de propriété des cours d'eau non navigables ni flottables, que nous exposerons plus tard.

Nous établirons que, quelle qu'ait été sur la question de la propriété des eaux courantes l'opinion des jurisconsultes Romains, le législateur Français n'est pas allé chercher si loin les principes à appliquer pour établir la condition juridique des cours d'eau non navigables ni flottables. Il est, en effet, bien difficile de démêler aujourd'hui, à travers les textes dont nous pouvons disposer, les véritables règles de la législation Romaine sur les cours d'eau, plus difficile encore par conséquent d'établir la persistance de ces règles pendant l'époque féodale ; enfin il est impossible de méconnaître que les principes qui président aujourd'hui à nos institutions depuis la révolution de 1789 en ce qui concerne la propriété foncière ne soient complètement différents des principes Romains.

Il est cependant nécessaire de connaître les textes des Institutes et digeste qui ont été produits de part et d'autre dans la discussion sur la propriété des petits cours d'eau pour bien comprendre les divers systèmes qu'a fait naître cette controverse.

D'après nous, l'histoire de la propriété des eaux courantes est intimement liée, en droit romain, à l'histoire de la propriété foncière elle-même. Les cours d'eau compris dans un territoire ont subi les mêmes vicissitudes que le sol sur lequel ils coulent. Il faut donc rechercher et indiquer tout d'abord en peu de mots quelle fut l'origine et la condiction primitive de la propriété foncière à Rome.

Principes de la propriété à Rome. — Origine de la propriété privée.

Bon nombre d'auteurs et entr'autres MM. Giraud dans ses recherches sur le droit de propriété chez les Romains, (Accarius etc) admettent que la constitution primitive de la propriété foncière à Rome fut la communauté, absolue d'abord, puis restreinte par Romulus qui fit du territoire de Rome trois parts dont une pour chaque tribu. C'est ce que rapporte Varron. Et Denys d'Halicarnasse ajoute que la part attribuée à chaque tribu fut subdivisée par égales parts entre les dix curies qui composaient la tribu, D'après ces mêmes auteurs, la propriété privée ne daterait que du second roi de Rome, Numa Pompilius, qui, le premier, aurait partagé le sol Romain entre tous les citoyens par égales parts.

Cette opinion a été vivement contestée par certains auteurs ; et y a là, disent-ils une erreur provenant d'une interprétation trop large de certains textes de Plutarque, Cicéron et Denys d'Halicarnasse qui disaient seulement que Numa avait distribué les terres conquises par Romulus. Quant au sol Romain lui-même, *ager Ro-*

manus il éta't depuis longtemps l'objet de propriété privée. Ce qui le prouve surabondamment c'est l'his toire de la famille et du culte domestique à l'origine de la société romaine. Chaque famille avait son foyer, son tombeau, qui lui appartenaient en propre, dont aucun étranger ne pouvait approcher et, cette idée d'exclusion et d'appropriation était poussée si loin que deux maisons ne pouvaient, à l'origine être jointes par un mur com mun et que les foyers comme les tombeaux étaient sé parés les uns des autres par une enceinte inviolable : religion du foyer et du tombeau est certainement plu ancienne que Numa et, il n'est pas douteux, dit-on quelle n'ait fait naître et appliquer avant lui les principes de la propriété privée.

S'il nous est permis d'émettre une opinion nous dirons qu'il est bien possible que l'*ager Romanus* se soit trouvé aux mains des particuliers, à titre de propriété privée avant les concessions de Numa, mais ce territoire était bien modique à cette époque et, en somme, ce qui n'est pas douteux, c'est que le sol Romain fut composé presque en totalité de terres conquises, dont l'État devint propriétaire après la victoire et qui n'entrèrent ensuite dans le domaine des particuliers que par un abandon une concession de l'État. Cette concession fut plus complète ; tantôt elle investit le particulier du droit de propriété plein et entier, *dominium ex jure quiritium*, tantôt, au contraire, elle ne lui attribue qu'une proprié démembrée incomplète, sorte de possession à charge de redevance au profit de l'État, la *proprietas*. Les romains ont considéré la conquête comme le fondement du droit de propriété en général, ils le font dériver de l'omnipotence de l'État et, pour eux, la propriété privée n'est qu'une concession de l'État, propriétaire originaire, une émanation de la propriété publique.

La concession une fois faite aux particuliers, il fallut déterminer exactement les limites du droit de chacun. Ce soin fut confié aux agrimensores, sorte de prêtres géomètres qui fixaient le domaine du Dieu Terme. La propriété immobilière fut ainsi marquée à l'origine d'un caractère religieux et sacré qui devait l'entourer du plus grand respect. En outre, au point de vue humain, l'opération des *agrimensores* offrait de grands avantages. Elle fixait nettement le droit de chacun, prévenaient les usurpations et permettait enfin au juge de statuer sainement dans une foule de procès sur les questions de limites et de contenance. Il suffisait, en effet, de consulter le plan dressé par les *agrimensores*.

Ces *agrimensores* ou *rei agrariæ scriptores* ont laissé des détails assez complets sur la manière dont la propriété des terres conquises passa ainsi en grande partie du domaine de l'État aux mains des particuliers.

Voici comment, d'après les *agrimensores*, se faisait, après la victoire, la répartition des terres conquises.

Les Romains, nous disent-ils, avaient l'habitude d'en

abandonner une partie aux vaincus. Ces terres n'étaient
l'objet d'aucune attribution spéciale, ni d'aucune délimitation. (*nam quorumdum dignitas, ant gracia, an-
umicitia victorem ducem movet ut eis concederet agros
suos siculus Flaccus.* Edit. Giraud, p. 34). Une autre
partie était attribuée aux soldats qui s'étaient fait
remarquer pendant la campagne et aux vétérans. On les
appela *agri assignati* ou *divisi* à cause de l'intervention
des *agrimensores* qui procédaient ici au mesurage et à la
division par parcelles et désignaient à chaque propriétaire ses limites en lui attribuant une parcelle de terrain.
L'*assigatio* et la *divisio* n'étaient en somme que deux
phases d'une seule et même opération.

D'autres terres conquises furent vendues au profit du
Tré or public par l'intermédiaire des questeurs. On les
appela *agri questori* et les droits de chaque ache teur sur
ces champs furent déterminés comme pour les *agri assignati* par les *agrimensores*.

Enfin, toutes les terres qui ne rentraient pas dans
l'une des catégories que nous venons d'indiquer restè-
rent dans le domaine public du peuple Romain et com-
posèrent l'*ager publiens*.

Ces terres de l'*ager publiens* doivent être divisées en
deux catégories :

1° Les *agri excepti* ou terres formellement exceptées
et réservées au moment du partage ces terres furent généralement affectées aux usages publics ou religieux et
en subirent aucune délimitation.

2° Les *subsceciva* ou *agri subsceci vi*, parcelles qui n'ont pu, par un motif quelconque être comprises dans un mesurage régulier et sont restées en dehors des ventes et des assignations. Ces terres comme aussi certaines parcelles qui faisaient partie des *agri questori* mais qui n'avaient pu être vendues à cause de leur mauvaise qualité participèrent indirectement, sans être l'objet d'aucune limitation spéciale, de la délimitation des *agri questori* et *astignati* qui les entouraient.

Si nous recherchons maintenant en passant ce que devinrent entre les mains de l'État ces biens qui constituaient l'*ager publicns*. Nous verrons que certaines terres furent d'abord affermées pour un temps quelquefois très-long (*ugri vectigales*). D'autres, à peu près incultes furent données à défricher moyennant une faible redevance. D'autres enfin, furent remises en la possession des citoyens suivant leur fortune et leurs besoins.

Mais l'aristocratie Rómaine ne tarda pas à convoiter et à s'approprier ces immen es possessions. Maîtres de ces vastes domaines, les patriciens écar èrent peu à peu de leur voi nagé les petits cultivateurs qui, opprimés par eux, finirent par leur abandonner leurs terres de gré ou de force et cultivèrent pour leurs maîtres sous le nom de *colons*. C'est ainsi que se constit uèrent rapidement les immenses *latifundie*, ces vastes domaines des praticiens tant convoités par la plèbe Rómaine réduite à la misère et c'est alors que cette population indigène, écrasée par les usurpations des grands et les impôts qui continuaient à peser sur elle, s'éleva, par la voix de ses tribuns, contre de tels débordements qui furent la principale cause de ces guerres civiles qui ont ensanglanté Rome dans les dernières années de la République.

L'empire survint, il fallut s'attacher l'armée par des distributions, remédier à la pénurie du trésor par des aliénations qui jointes aux usurpations toujours croissantes des patriciens, épuisèrent tout ce qui restait de l'*ager publiens*.

Enfin, en 423, Honorius et Théodoze, par une de leurs constitutions, finirent par mettre d'accord le fait et le droit en déclarant propriétaires, *jure quiritium* les simples possesseurs qui depuis longtemps étaient traités comme tels par le préteur et il ne fut plus question ni de terres conquises, ni d'*ager publiens*.

Il n'en faudrait pas conclure, que l'État privé de l'*ager publiens*, se trouva sans ressources ; au domaine du peuple a succédé le fisc et les terres du fisc vont pourvoir désormais aux besoins du prince.

De la propriété des cours d'eau à Rome

De même qu'il y avait à Rome des terres publiques et des terres privées, il y avait aussi des cours d'eau publics et des cours d'eau privés. Cette grande division est écrite et nettement indiquée dans un grand nombre de textes du droit Romain. Certains jurisconsultes tels que Troplong, Dalloz, Proud'hon et autres, qui ont essayé de nos jours de justifier les prétentions de l'État à la propriété des petits cours d'eau, ont cependant soutenu que, dans le système de la législation Romaine, toutes les eaux courantes étaient publiques.

Ils s'appuyaient pour faire cette preuve, sur un texte des Institutes de Justinien, ainsi conçu :

Flumina omnia et portus publica sunt. (Iust. lib. II, tit. 1, § 2). Cette affirmation de Justinien, qui est d'ailleurs formellement contredite par un grand nombre de textes des institutes et du digeste, se trouve en opposition directe avec un texte inséré au Digeste et ainsi conçu :

Flumina omnia et pene portus publica sunt. (L. 4. § 1, D. lib. 1, tit. 7). La contradiction est formelle et il est impossible que Justinien ait entendu innover dans les institutes et renverser immédiatement le système qu'il venait d'établir dans le Digeste, d'autant plus que les institutes, ouvrage destiné à l'enseignement, n'étaient, en somme, qu'un résumé du Digeste : il ne faut donc voir dans cette divergence que le résultat d'une erreur de copiste qui aura négligé de reproduire aux institutes le mot *pene* que nous trouvons dans le texte du Digeste

Quelques auteurs ont encore essayé d'établir qu'il n'y avait à Rome que des cours d'eau publics, en s'appuyant sur un autre texte des institutes ainsi conçu : « *Et quidem, naturali jure, sunt omnia hæc, aer, aqua profluens et mare et per hoc, littora maris.* » (Inst. de div. rer.

lib. II, tit. 1. § 1.). Toutes les eaux courantes, sont, dit-on, rangées par Justinien dans la catégorie des choses communes à tous, il n'y avait donc pas de cours d'eau privés.

Remarquons d'abord que cette doctrine est en contradiction formelle avec un grand nombre de textes que nous citerons plus loin et qui établissent l'existence de cours d'eau privés. Mais il est d'ailleurs trés facile d'expliquer ce texte sans mettre Justinien en contradiction avec lui-même.

On s'aperçoit bien vite que la contradiction n'est qu'apparente si, comme l'a très bien fait remarquer Vinnires, on a soin de distinguer entre l'eau courante considérée comme élément et à ce titre faisant partie du patrimoine commun de l'humanité et le cours d'eau lui-même ensemble formé de l'eau qui coule, du lit qui la supporte et des rives qui servent a la contenir. Tout ce que Justinien a voulu dire c'est que l'eau courante considérée comme élément fugitif, qui tantôt est à tel point du fleuve et tantôt à tel autre, est une chose commune à tous et insusceptible d'appropriation. Elle est en cela assimilée à l'air et à la lumière. Mais il en est autrement du cours d'eau, qui ne varie pas et dont l'appropriation ne fait pas obstacle à l'exercice de certaines facultés de droit naturel qui subsistent pour tous, telles que l'usage de l'eau pour se laver, se désaltérer, etc.

Il est donc bien certain qu'il y avait à Rome des cours

d'eau publics et privés, mais quel est le fondement de cette distinction ? Suivant quelles règles les cours d'eau ont-ils été classés dans l'une ou l'autre catégorie ? C'est là une question delicate qui a beaucoup divisé les commentateurs et qui a offert de nos jours un caractère tout particulier d'actualité quand s'est élevée la discussion sur la propriété des petits cours d'eau.

Il est à remarquer que cette question n'a été traitée nulle part d'une façon doctrinale par les jurisconsultes Romains, d'où il résulte qu'on ne rencontre aucun texte précis sur la matière. Cependant les partisans du système qui admet la propriété publique de toutes les rivières perennes, se sont appuyées sur trois textes principaux, qu'ils interprètent littéralement et dont l'autorité leur parait indiscutable. ce sont les suivants : « *Flumina omnia et portus publica sunt* (Inst. lib. II, tit. 1. § 2). » *Flumina pene omnia et portus publica sunt* (Dig. l. 4, § 1. 1. 7.). Publicum Flumen esse Cassuis definit quod penere sit : hæc sententia Cossü, quam et Celsus probat, videtur esse probabilis (Ulp. L. 1. 552. D. 43, 12.).

Si comme l'affirment Cassius, Celsus et Ulpiem, disent ces auteurs, toutes les rivières perennes sont publiques, le texte ou Digeste *Flumina pene omnia, etc.,* s'explique tout naturellement car il devait y avoir bien peu de cours d'eau privés, et l'on comprend même très bien le principe général formulé par Justinien aux Institutes : *Flumina omnia publica sunt* en admettant, ce qui est bien probable que la qualification de *Flumen* avait été réservées aux rivières perennes les plus nombreuses et les plus importantes.

Le système contraire, adopté par les auteurs qui ont, de nos jours, soutenu le principe de la propriété en riverains sur les petits cours d'eau, et dont M. Championnière est le plus éloquent défenseur, repoussant l'autorité des textes précités, emprunte ses arguments à l'histoire de la propriété foncière à Rome. Les cours d'eau, dit M. Championnière, ont subi à Rome les mêmes vicissitudes que le sol sur lequel ils coulent. Tantôt ils ont été compris dans les assignations, tantôt ils sont restés dans la catégorie des *excepta* et ce n'était pas une question de droit dans l'organisation Romaine que la nature publique ou privée d'une portion du territoire. C'était une question de fait dont la solution dépendait uniquement du partage et de l'attribution. (Champ. p. 46). En somme d'après cet auteur et ceux qui pensent comme lui, peu importait pour déterminer la condition légale d'un cours d'eau, la considération de ses caractères physiques ou du nom qu'il avait reçu ; seul le livre cadastral pouvait résoudre la question. Il n'est pas douteux, en effet, que bien des cours d'eau perennes aient été plusieurs fois compris dans les limites des terres concédées ou vendues. C'est ce que nous apprend Aggenus Urbiens : *Multa flumina et non mediocria in ad signationem mensu-*

ræ antiquæ reciderunt. Et Ficulus Fluccus confirme ce témoignage en nous disant : *In quibusdam regionibus fluminum modus assignationi cessit : In quibusdam vero tanquam subcecivus relictus est, ulris autem exceptus Inscriptumque ; Flumini illi tantum.*

Pour nous, obligé de prendre parti entre les deux systèmes que nous venons d'exposer, c'est à la doctrine qui veut que le partage et l'attribution aient en seuls pour effet de déterminer la nature publique ou privée des rivières que nous croyons devoir nous rattacher.

Il nous est en effet, très facile de citer un grand nombre d'exemples qui prouvent nettement que le caractère public ou privé du cours d'eau ne dépendait nullement des caractères de navigabilité, ou de pérennité pas plus d'ailleurs que de la qualification de *flumen ou de rivus.*

Nous citerons l'édit relatif à la navigation qui ne s'appliquait qu'aux cours d'eau à la fois publics et navigables *Hoc interdictum ad ea tantum flumina publica pertinet quæ sunt navigabilia, ad cætera non pertinet.* (L. 1 § 12, D. 43, 12) Il y avait donc dans la catégorie des fleuves publics des fleuves qui n'étaient pas navigables, ceci résulte encore de l'édit : *ne quid fiat quo aliter aqua fluat* qui régissait tous les cours d'eau publics navigables ou non, *Sive navigabilia dunt sive non sunt* (L. 1 § 52 D. 43, 13).

On ne s'attachait pas davantage aux caractères de pérennité ou de non pérennité et l'on peut citer des

exemples de cours d'eau perennes et privés. L'interdit
de *aqua cottidiana*, par exemple, protège toutes les servitudes d'acqueduc sur les eaux privées, et, comme les
servitudes ne peuvent exister sans une *causa perpetua*,
la loi déclare que cet interdit ne s'applique qu'aux eaux
dont le cours est continuel, *peremis* (L. 1. § 5 et 6 D.
43, 20).

Les qualifications de *flumen* et de *rivus* n'étaient pas
plus déterminantes dans la question qui nous occupe.
Le digeste nous parle en effet de fleuves publics et de
fleuves qui ne le sont pas : *Flumina quædam publica sunt,
quædam non* (L. 1. § 3, D. 43, 12 Ulp). Le même Ulpien
nous dit encore dans son commentaire de l'édit *de rivis*,
que certains ruisseaux sont publics et d'autres ne le sont
pas.

*Hoc interdictum ad omnes rivas pertinet sive in publico
suit sive in privato.* (L. 3. § 4, D. 43, 21). Il n'y a donc
pas à distinguer au point de vue légal le *rivus* du *flumen*.
Il serait d'ailleurs bien difficile de trouver dans les textes romains un élément sérieux de distinction. Les mots
flumen et rivus y sont souvent employés l'un pour l'autre Ulpius nous dit, il est vrai : flumen a rivo magni-
tudine discernendum est unt existimatione circumvo-
lentium (L. 1. § 1, D. 43. 12). Mais de ce texte il résulte
au moins que la largeur ; la *magnitudo* n'était pas tou -
jours un élément de distinction bien sûr et qu'il fallait
alors s'en rapporter à la commune renommée, chose
bien variable et bien vague.

Si maintenant nous examinons de près le système contraire nous lui ferons tout dabord uue objection générale qui ne manque pas d'une certaine gravité, c'est que cette opinion ne fait aux riverains qu'une part bien restreinte ou même nulle en ce qui concerne les eaux courantes. Elle ne leur laisse en réalité que la propriété de quelques torrents sans importance et il est dès lors bien difficile de comprendre dans quel cas pouvaient s'appliqner les interdits de *aqua cottidiana et cestiva, de fonte*. Dont les dispositions sont relatives à la jouissance des eaux privées.

Si nous passons à l'examen des textes qui nous sont opposés, nous écartons tout dabord le texte des Institutes : *Flumina omnia et portus publica sunt*, qui u'est évidemment qu'une copie inexacte du texte du digeste, *Flumina pene omnia et portus publica sunt.*

Reste alors le texte d'Ulpien, *publicum flumen esse cussius definit quod perenne sit. Hoc sententia cossii, quam et celsus probat, videtur esse probabilis*, qui explique dit-on, très bien le 2ᵉ texte du digeste ci-dessus cité : *Flumina pæne omnia* etc.

Il est dabord à remarquer qu'Ulpien qui est d'ordinaire si net et si précis, nous dit tout simplement que cette opinion, qui était celle de Celsus et de Cassuis, lui parait seulement probable. D'autre part, il ne faut pas perdre de vue qu'il n'y a nulle part, dans la législation Romaine, un exposé doctrinal de la question qui nous oreupe et que les divers textes que l'on nous oppose sont empruntés ça et là, à des jurisconsultes qui ne se proposaient pas directement de caractériser les cours d'eau publics. C'est ce qu'a très bien fait remarquer M. Championnière à propos du texte d'Ulpien que nous venons de citer, et qui contient à lui seul toute la théorie de nos adversaires. Il faut observer, dit cet auteur, que ce texte est tiré du titre de la navigation et que le jurisconsulte Romain ne s'est nullement proposé de définir ici les fleuves publics, mais qu'il a voulu seulement indiquer à quels fleuves s'applique l'édit sur la navigation. Il ne s'applique, dit-il qu'aux fleuves publics et encore faut-ils qu'ils soient perennes. Quant au texte de Justinien *Flumina pene omnia publica sunt* ; il se borne à constater que presque tous les fleuves sont publics, ce qui est d'ailleurs probable, mais il ne nous apprend rien sur le fondement de la distinction des cours d'eau ou fleuves publics et privés. Ce texte ne nous dit pas si presque tous les fleuves sont publics à cause de leur caractère de perennité, ou seulement parce qu'ils ont été exceptées du partage.

Quelle que soit du reste, l'opinion que l'on adopte sur le fondement de la classification des cours d'eau en cours d'eau publics et privés, il ne faut pas oublier que c'est surtout de nos jours que cette controverse a pris de l'importance à cause des arguments qu'on a voulu tirer de part et d'autre de la législation Romaine dans la discussion qui s'est élevée sur la proproprieté des petits cours d'eau. En somme il n'est pas douteux qu'il y avait à Rome un grand nombre de cours d'eau publics, ce qui implique évidemment qu'au moment du partage, presque tous les fleuves qui à raison de leur importance pouvaient être affectés à l'usage commun, furent rangés dans la catégorie des *excepta*. Les cours d'eau privés ne présentent donc, en fait, qu'une importance minime et ne sauraient, au point de vue juridique, servir de matière à aucune étude intéressante.

La loi Romaine les plaçait sous le même régime que les autres biens des particuliers, nihil enim differt a ceteris locis privatis flumen privatum (L. 1 § 4, D. 43, 12, et nous ne trouvons de règles spéciales en droit Romain qu'en ce qui concerne les cours d'eau publics.

Tout cours d'eau se compose de trois éléments : les rives, le lit, et l'eau.

Des Rives.

Ulpien définit la rive : *id quod flumen continet, naturalem rigorem cursus sui tenens*. (L. 1. De Flum. § 5, D. 43, 12) et Paul reproduit la même idée en disant : *Ripa ea putatur esse quod plenissinum flumen continet* (l. 3, § 1, de Flum. D. 43, 12). Les rives sont donc les portions du sol, inclinées des deux côtés vers le courant et qui en serrent le fleuve. Elles s'étendent jusqu'à la ligne qu'atteignent les plus hautes eaux sans débordement et constituent la limite extrême du fleuve·

La limite des rives une fois déterminée reste invariable en ce sens que les terrains envahis par une crue accidentelle du cours d'eau n'en deviennent pas pour cela partie intégrante du cours d'eau.

Les rives d'un fleuve public étaient publiques, mais leur appropriation était moins complète que celle du cours d'eau lui-même. L'usage de la rive seulement était public quant à la propriété elle appartenait aux propriétaires des fonds riverains. C'est ce que nous dit très clairement Gaïus en des termes reproduits par les Institutes (§ 4, lib, II, tit. 1.). Ripsarum usus publicus est jure gentium sicut ipsius fluminis, sed proprietas illorum est cujus prædiis inhærent (L, 5 pr. D, lit. 1, tit. 8 de rer. div.)

De ce que les riverains étaient propriétaires des rives on peut conclure que toutes les constructions ou plantations qui y étaient faites devaient leur appartenir, qu'ils avaient dès lors le droit d'empêcher ces constructions ou plantations et de faire disparaître de leur propre autorité tous les ouvrages établis sur la rive contrairement à leur volonté. Mais d'un autre côté, comme l'usage des rives était public, les riverains ne pouvaient en disposer à leur gré comme de tout autre propriété, ils ne pouvaient entreprendre aucun ouvrage de nature à entraver la navigation, ou, d'une façon plus générale, de nature à gêner l'usage public.

Du Lit.

Le lit est la portion du sol sur laquelle coule le fleuve.

Il fait partie intégrante du cours d'eau et se trouve forcément de la même condition juridique que celui-ci. Le lit d'un fleuve public est donc forcément public.

L'acessoire suit la condition du principal. *Impossibile est ut ulvens fluminis nublici non sit nublicus.* (L. 1, § 7, de flum. D. 43, 12.)

Mais dès que lit est mis à sec, il cesse d'être public, pour devenir de condition privée. (Flumina enim censitorem vice funguntur ut ex privato in publicam addicent et ex publico in privatum). L. 30, § 3, D. 41, 1). Il est bon de noter ici une divergence entre la loi Romaine et notre législateur moderne.

Les fleuves publics faisaient partie à Rome des ces choses communes à tous, quant à l'usage, *quæ erant in usu pubico*, et qui font partie aujourd'hui chez nous du domaine public de l'État. La condition légale des Flumina publica, offre une grande analogie avec celles de nos fleuves navigables, mai est à remarquer cependant, et c'est sur ce point que porte notre observation, que les *Flumina publica* étaient, si l'on peut ainsi dire, moins publics que nos fleuves navigables. Le lit, accessoire du fleuve public, participait forcément à la nature de l'élément qui le couvrait, mais cet élément venant à disparaître pour une cause quelconque, l'ancienne propriété publique, l'ancien lit, devenaient tantôt propriété privée, tantôt res nullius, mais jamais il ne tombait dans cette catégorie de biens que l'État possédait comme une personne privée quæ erant in patrimonio populi ! Chez nous au contraire, le lit desséché d'une rivière fait partie du domaine privé de l'Etat.

Le lit abandonné par un cours d'eau public appartient, en principe aux riverains de chaque côté, qui se le partagent proportionellement à l'étendue de leurs fonds le long de la rive. C'est ce que décident Gaïus et Justinien : Prior alveus eorum est qui prope ripam ejus prædica possident, pro modo scilicet latitudinis cujusque prædii, quœ latitudo propre ripsam sit (L. 7. § 5, D. 41, 1. de adq. rcr. dom.) Il en est ainsi de quelque manière que le lit soit mis à sec, soit que le fleuve disparaisse subitement, soit qu'il prenne brusquement un autre cours ou se retire peu à peu d'une rive à l'autre.

Ce principe comporte cependant une exception au cas où le fonds riverain serait un *ager limitatus*. Les propriétaires des *agri quæstori* ou *assignati* ne peuvent en effet, sous aucun prétexte étendre suivant les variations du fleuve, la limite imposée à leurs héritages. D'ailleurs le plus souvent, les *agri limitati* étaient séparés du fleuve par un chemin public destiné à l'exploitation des divers lots voisins : Le lit d'un cours d'eau desséché et qui coulait dabord entre des *agri limitati* avait une condition particulière.

Il était *res nullis* et devenait dès lors la propriété du premier occupant (si limitatus est ager, dit Ulpien, occupantis alvens fiet, certe desiit esse publicus.). Le propriétaire de l'*ager limitatus* n'avait en ce cas que le seul avantage de pouvoir s'emparer le premier du lit desséché.

Cette distinction des terres en agri limitati et non
limitati n'a plus sous Justinien aucune portée. La propriété a subi, à cette époque une transformation considérable ; le temps a effacé les limites, le plan cadastral
n'existe plus et les agri limitati sont ainsi devenus, par
la force des choses, *agri arcificiales*. C'est l'unité de la
propriété et l'on peut dire que, sous Justinien, la règle
qui attribue aux riverains le lit desséché ou abandonné
s'applique au profit de tous les fonds riverains sans distinction.

Si le fleuve après avoir changé une première fois son
cours, rentre dans son ancien lit, la même règle est
encore applicable pour l'attribution du lit abandonné.
Nous lisons, en effet, à la suite du texte ou Digeste pré-
cité (de adq. rer. dom. L. 7.) Quod si, post aliquid
temporis, ad priorem alveum riverterit flumen rursus
novus alveus eorem esse incipit qui prope ripam ejus
prædia possident.

Mais en supposant que le fleuve rentre dans son ancien lit, le sol envahi d'abord, puis abandonné par les
eaux, ne reprend pas son ancienne condition. C'est
désormais un terrain nouveau que nous attribuerons aux
riverains si les champs qui le bordent sont urcifinales et
qui sera res nullius si les champs riverains sont agri
imitati. C'était donc à condition d'être riverains, rationo
viciusitatis comme dit Gaïus, et à cette condition seulement que l'on pourrait avoir part à cette nouvelle attribution et de là résulte cette conséquence rigoureuse-

ment consacrée par Justinien aux Institutes (de div.
rerum. 5, 21 3) que celui dont le fonds tout entier aura
été envahi n'ayant plus de propriété sur la rive du
second lit ne pourra rien recouvrer de son terrain que
les centres riverains se partageront.

Mais il fallait, pour amener ce résultat rigoureux, une
occupation permanente ; une inondation passagère ne
suffirait pas pour exproprier le particulier dont le
fonds avait été envahi par les eaux ; l'inondation ne
changeait pas en effet la nature du fonds, et la règle rigoureuse que nous venons d'indiquer pour
le cas d'occupation permanente était précisément fondée
sur cette idée que par cette occupation l'héritage changeait de forme et de nature, il subissait une transformation considérée comme la destruction de la subs-
tance de la chose. Le fond était considéré comme ayant
disparu ainsi que tous les droits dont il était l'objet.

Gaïus présentait déjà la solution donnée par Justinien
comme conforme à la rigueur du principe. « Si cujus
totum agrum novus alveus occupaverit, licet ad priorem
alveum reversum fuerit flumen, non tamen is cujus is
ager fuerut, stricta ratione quiequam in eo alveo habere potest, qui'a et ille ager, qui fuerat, desêit esse,
amissa propria forma, et qui vicinum prœdium nullum
habet, non potest, ratione vicinitatis ullam partem in eo
alveo habere. » Ce jurisconsulte paraît cependant avoir
reculé devant l'iniquité de ce résultat car il s'empresse
d'ajouter : « sed vix est ut obtineat. » « mais il nous

parait impossible de ne pas lui accorder sa part. »

L'opinion de Justinien, que nous venons de voir critiquée par Gaïus, ne fut pas universellement admise par les jurisconsultes romains. Un fragment de Pomponius parait favorable à la solution d'équité (L. 30. § 3, D. 41. 1) ; un autre d'Alfénus Varus est, au contraire conforme au système de Justinien (L. 38. de adq. rer dom).

En présence de ces contradictions, M. Ortolan pense que c'était là un point contesté à régler selon l'écquité, la manière dont le fleuve aurait envahi le terrain ; etc.

Nous croyons en contraire, que la solution donnée par Justinien, certaine en droit strict, avait dù prévaloir. Il faut bien observer en effet, que les solutions rigoureuses ne sont pas rares en droit Romain et, d'autre part, la timide réserve dont use Gecius pour essayer d'introduire et de faire accepter une décision conforme à l'équité dans certaines espèces particulières, prouve bien la rigueur et la netteté du principe auquel il s'attaquait.

Des Iles.

L'ile est un atterissement qui apparait au milieu du cours d'eau et ne tient par aucun point à la rive.

Pomponius nous dit au Digeste. : « tribus modis insula in flumine fit : uno, quum agrum, qui alvei non fuit, amnis circumfluit : altero quum locum, qui alvei esset, siccum relinquit et circumfluere cœpit : tertio, quum paulatim colluendo locum eminentem supra alveum fecit et eum alluendo auxit (L. 30 § 2, D. 41, 1)

ex Paul et Sabinus nous indiquent une quatrième espèce
d'îles (L. 30 et 65. § 2, D. 41, 1) quarto, quum insula
non ipsi alvei flumiuis inhœrens, virguliis aut levi alia
qualibet materia, ita sustinetur in flumine ut solum ejus
non tangat, atque ipse movetur.

Premier cas. — L'île reste la propriété de ceux qui
exerçaient déjà ce droit sur les terrains dont elle est
formée.

4° *Cas.* — L'île flottante, dont parlent Paul et Sabinus n'a aucune attache avec le lit ; c'est un accessoire
du fleuve ; mobile comme lui, elle en suit la condition
et reste par conséquent publique.

2° et 3° *Cas.* — Restent les îles produites soit par un
abaissement du niveau des eaux soit par un amas de
matières charriées par le fleuve et accumulées en un
certain point.

Le législateur Français, par un raisonnement qui
parait assez naturel, a conclu de la propriété publique
des cours d'eau un droit d'appropriation par l'état des
îles qui s'y forment. (art. 560). Le droit romain a au
contraire. suivi pour les îles la même règle que pour le
lit. Dès que les eaux ont cessé de couler sur ces terrains,
qui n'étaient publics que comme accessoires d'un cours
d'eau public, ces fonds, ont perdu la condition juridique qui était la conséquence de leur destination publique. L'attribution de ces îles aux riverains est confirmée par des textes nombreux.

Nous citerons un texte de Pomponius (L. 30, § 2, D.

41, 4). Gaius reproduit encore la même idée ainsi qu'Ulpien, qui donne même de plus amples détails. Il reproduit la distinction des agri limitati et des agri areifinales. (L. 4 § 6, D. 43, 12).

Cette doctrine confirmé au Digeste par un grand nombre d'autres textes, semble cependant contredite par un texte de Labéon ainsi conçu : Si id quod cit publico omiatum ant œdificatum est publicum est, insula quoque quœ ni flumine publico nata est, publica esse debet. (L. 65 § 4, D. 41, 4 de adq. rer. dom.).

Une grande controverse a été soulevée, à propos de ce texte, par les commentateurs. Les uns et parmi eux Cujas, ont prétendu qu'il ne s'agissait que de l'usage, ce qùe, toutefois ne pouvait être vrai que de l'usage des rives et la phrase de Labéon serait alors bien incorrecte. D'autres, et parmi eux Pothier, ont pensé qu'il s'agissait ici de l'ile flottante qui est publique comme accessoire du fleuve public.

Mais, toutes ces explications sont purement fantaisistes et doivent être rejetées. Il en est une bien plus simple, confirmée par le texte lui-même dans un précédent paragraphe et que l'on peut donner sans rien ajouter au texte et sans le torturer. Labéon critique comme inexacte la formule trop absolue d'après laquelle on déclare public tout ce qui prend naissance dans un lieu public et s'il en est ainsi, veut-il dire, il doit en résulter forcément que l'ile qui se forme dans un fleuve public est publique ce qui est inexact de l'aveu de tous les jurisconsultes.

Ce qui prouve bien que telle était l'intention de Labéon c'est que ce jurisconsulte nous a déja dit au § 1,
du même titre : Si qua nisula ni flumine publico, pro-
xima tuo fundo nata sit, ea tua est.

L'attribution des iles est réglée comme celle du lit
abandonné, l'ile est *communis eorum qui ab utraque
parte prædia possident prope ripam*. (Inst. § 22, de
div. rer.). Il faudra donc voir tout dabord si l'ile est ou
non coupée par la ligne médiane du fleuve dans le premier cas cette ligne détermine les droits des riverains
de chaque côté, dans le second, l'ile appartient tout entière aux riverains du côté où elle s'est formée. Pour
fixer ensuite les droits respectifs de chaque riverain, il
s'agit de bien comprendre le sens du mot *communis*
qu'emploie le texte. Il ne faudrait pas conclure de cette
expression qu'il y a indivision entre les propriétaires de
chaque rive. Il y a là, comme le dit fort bien M. Acca-
rias, une proprié·é qui n'est ni indivise ni égale et les
droits de chacun sont définitivement fixés a priori à la
portion comprise entre deux parallèles élevées des deux
extrémités du terrain que le riverain possède en regard
de l'ile perpendiculairement à la médiane.

Nous mentionnerons, comme complément de cette règle les lois (56 et 65 § 3, D. de adq. rer. dem. 41. 1).
La première porte que si une ile a été attribuée tout entière à un seul riverain parcequ'elle se trouvait d'un
côté de la médiane, cette ile venant plus tard à s'ac-
croître par alluvion de manière à dépasser le fil de l'eau,

le riverain apposé n'y pourra cependant prétendre aucun droit.

La seconde suppose que, dans une circonstance semblable, une nouvelle île apparait dans le grand bras du fleuve entre l'île déja formée et le bord apposé, et porte que l'attribution de cette île doit être faite en considérant le grand bras du fleuve comme étant, à lui seul, tout le *flumen*. Remarquons, en passant que ce texte constitue un argument puissant contre ceux qui considèrent le lit du fleuve public comme une propriété privée grevée d'une servitude dans l'intérêt public.

De l'Alluvion.

L'alluvion est l'accroissement successif et imperuptible qui se forme le long des fonds riverains d'un cours d'eau : « est autem alluvio incrementum latens quod ita paulatim adjicètur ut intelligere non possis quantum quoque momento temporis adjicitur. » (Inst. §5, 20. de div. rer.). L'alluvion est donc un dépôt successif et imperceptible de matières charriées par le fleuve et ce qui la constitue c'est la lenteur et le secret avec lesquels se produisent les phénomènes qui lui donnent naissance.

Ils nous reste a examiner une question qui est commune aux alluvions aux îles et au lit abendonnés ; c'est le point de savoir quel est le fondement juridique de l'attribution de ces divers biens aux riverains ? Deux opinions sont ici en présence l'une soutenue particulièrement par M. Ducauroy. (Inst. nouvel. explic. n° 1. p. 200 et suiv). Consiste à dire que le lit des cours d'eau,

momentanément grevé d'une servitude publique, n's
pas cessé pour cela de faire partie de la propriété riveraine. Le lit abandonné et en tous cas, les îles et allu-
sions, sont attribués aux riverains, non pas à titre d'acquisitions nouvelles, mais bien plutôt comme une restitution totale ou partielle de ce que les eaux leur avaient
enlevé. On invoque en faveur de ce système la loi.
(30. § 1, D. 41. 1.) « Si in ripa fluminis quœ se-
cundum agrum meum sit arbor nata est, meum esse, ait
Celsus, quia solum meun ipsum privatum est, usus autem ejus publicus esse intelligitur : et, ideo, quum exsi-
catus esset alveus, proximorum sit quia jam papulus eo
non utitur. » Le lit est, dit-on comme la rive chose publique quant à l'usage seulement, il est plus public que
la rive, voila la seule différence que l'on puisse signaler
outre ces deux sortes de biens.

D'après une seconde opinion, professée par un grand
nombre de jurisconsultes modernes et notamment M.
Ortolan, l'attribution du lit, abandonné des îles et des
alluvions aux riverains aurait lieu en vertu d'un certain droit, qu'on nommerait droit d'accession mode particulier, d'acquisition de la propriété que l'on devrait
pleuer à côté des autres modes d'acquérir la propriété
par le droit des gens,

Quant à nous, obligé de prendre partie entre les deux
systèmes, c'est à la doctrine soutenue par M. Ortolan
que nous croyons devoir nous rattacher. Nous pensons
que le droit que les commentateurs ont appelé droit

d'accession était recounu par les jurisconsultes Romains
comme un droit distinct du droit de propriété, sans
aller toutefois jusqu'à affirmer que ce droit ait reçu un
nom spécial dans la législation Romaine. Le mot *accessio* désigne seulement en effet l'accessoire lui-même, la
chose réunie accessoirement comme dépendance de la
chose principale, et les adversaires de la doctrine que
nous soutenons ont conclu de ce que le principe en
vertu duquel à lieu l'attribution du lit abandonné des
îles etc. n'a reçu dans aucun texte de qualification
spéciale, qu'il était inutile de lui donner un nom particulier puisqu'il n'était en réalité que l'exercice, l'extension du droit de propriété lui-même. Ce raisonnement ne nous parait pas juste, et nous pensons que
s'il fant voir dans ce que les commentateurs ont appelé
accession un effet du droit de propriété il s'agit là d'un
effet tout particulier et qui est plus que le simple exercice de ce droit. En un mot, il y avait là, si l'on veut,
un mode d'acquérir innommé, mais ce mode d'acquérir
existait. Accessio cedat principali, dit Ulpien dans la loi
(19 § 13, D. 34. 2.) et cette maxime, qui contient la
consécration implicite de notre systéme est coroborée
par un grand nombre de textes du digeste qui nous
montrent la réunion d'une chose accessoire à une autre
plus importante admise en droit romain comme une
cause d'acquisiiion en certains cas. Mais c'est surtout
dans les textes relatifs à l'attribution du lit abandonné
de l'alluvion et des îles que le système contraire trouve

sa condamnation. Comment explique, en effet la loi. 65
§ 33. De adq. re dom., la loi 56 un même titre et enfin
le texte de Justinien aux Institutes (§ 23,) d'après lequel le propriétaire dont le fonds a été envahi en totalité et qui a cessé d'être riverain, ne recouvrera aucune
partie de son fonds, dans le cas d'un nouveau changement de lit. Ces divers textes sont évidemment inex-
plicables si l'on admet que la propriété du lit appartient
aux riverains.

Concluons dont que ce droit, que l'on a si l'on veut
appelé à tort *accession*, existait en d oit romain comme
cause légale d acquisition de la propriété.

Du droit de prise d'eau dans les cours d'eau publics.

La loi Romaine contenait sur ce point des règles
très différentes suivant qu'il s'agissait d'un cours d'eau
navigable ou non navigable. Bien que le caractère de
navigabilité ne fut en droit Romain, d'aucune inportance
au point de vue de la clasification du cours d'eau en
cours d'eau publics et privés et qu'il y eut des cours
d'eau publics et non navigables le législateur avait compris la nécessité de protéger la navigation et soumis à
un régime exceptionnel. Au point de vue du droit de
prise d'eau, les rivières susceptibles d'être affectées à
l'usage des transports. sans interdire absolument les
dérivations sur ces rivières il les avait soumises au con-
trole de l'autorité publique. C'est ce que l'on veut voir
dans la loi 2. au digeste. (de fluminibus). Après avoir

déclaré qu'à moins d'une défense expresse du prince et
du sénat il est permis à tous le monde de dériver l'eau
d'une rivière publique, le jurisconsulte ajoute. « Sed si
aut navigabile sit ant ex eo aliud navigabi'e fit, non
permittiher id facere. » Le magistra pourra bien accorder l'autorisation mais seulement au cas où le service
de la navigation n'aura pas à en souffrir.

Sauf cette exception pour les cours d'eau navigables,
on peut voir que la règle Romaine est excessivement
large touchant le droit de prise d'une sur les autres fleuves publics, qui correspondent à peu près à ce que nous
appelons les *petites rivières*. Dans tous ces cours d'eau
le droit d'opérer une dérivation n'est pas considéré
comme offrant un caractère différent des autres usages
dont le cours d'eau est susceptible. Il est public et
appartient à tous les citoyens comme le droit de se laver ou de se désaltérer. Il n'était donc pas nécessaire
d'être riverain pour avoir le droit de prise d'eau, il suffisait que l'empereur ou le sénat, n'eussent point opposé
une défense expresse : « Quominus ex flumine publico
ducatur aqua nihi impedit nisi imperator ant senatus
vetat. (L. 2. de flum.) On n'avait besoin de recourir à
aucune concession ou autorisation, mais, si l'on n'était
pas riverain, il fallait obtenir amiablement sur les fonds
intermédiaires la servitude d'aqueduc.

Remarquons en terminant que, l'aqua profluens
étant chose commune, le particulier qui en avait dé-

tourné une partie à son profit par certains travaux déterminés en avait acquis la libre disposition en vertu d'un
véritable droit d'occupation.

DROIT FRANÇAIS

Des cours d'eau non navigables ni flottables

De la propriété de ces rivières

Aucun doute ne s'est élevé sur la propriété des cours d'eau navigables et flottables ; les intérêts généraux de commerce et de la navigation exigeaient que l'on comprit dans le domaine public et que l'on confiat à la surveillance de l'administration ces grandes voies si précieuses pour tous. L'usage des grandes rivières étant essentiellement public il est absolument nécessaire que l'exercice des droits de chacun y soit rigoureusement sauvegardé et l'État conservateur des intérêts généraux se trouve dès lors tout naturellement investi des droits de surveillance et de haute tutelle sur ces biens. Ce principe, admis dans notre ancien droit, confirmé par la loi du 22 octobre 1790 a été définitivement consacré par le Code Civil (art. 538).

Mais la situation est loin d'être aussi nette pour les cours d'eau non navigables ni flottables et la question de propriété de ces rivières a donné lieu de nos jours, à une discussion longue et passionnée. Ce qui constitue la difficulté, c'est l'absence d'un texte précis sur cet mportant sujet. Quelques dispositions spéciales de l'époque intermédiaire, les travaux préparatoires du Code Civil, quelques articles de ce code qui n'ont trait qu'indirectement à la question, sont les seuls documents que l'on puisse consulter pour la résoudre. Aussi la jurisprudence a-t-elle commencé par hésiter devant cette insuffisance de textes. Elle est cependant fixée depuis longtemps et l'on peut dire que cette question de la propriété des petits cours d'eau est aujourd'hui définitivement résolue dans la pratique. Aussi nous bornerons nous à indiquer rapidement les principaux systèmes qu'elle a fait naître sans insister sur une controverse qui n'offre plus en ce moment qu'un intérêt purement théorique.

Les systèmes principaux, parmi ceux qui ont été proposés, sont les suivants :

1° Les cours d'eau non navigables ni flottables font partie du domaine public de l'Etat.

2° Les riverains sont propriétaires du lit, le cours d'eau n'appartient à personne.

3° La propriété des petites rivières appartient aux riverains.

4° Le lit et le cours d'eau sont *res nulluis* et les rivières non navigables ni flottables sont choses communes.

Parmi ces quatre systèmes nous écarterons tout d'abord les deux premiers qui ont été de très bonne heure abandonnés par la doctrine et que la jurisprudence a

constamment repoussés. Nous nous bornerons a les for-
muler et à les réfuter en peu de mots.

I.

L'Etat est propriétaire des petites rivières.

Les auteurs qui ont soutenu ce système Proudhon,
Rives, Foucard etc., ont tout d'abord invoqué des règles
de la législation Romaine qui, d'après eux, comprenait
dans le domaine public tous les cours d'eau sans distinction : *Flumina omnia et portus publica sunt.* Ils soutiennent ensuite que ces cours d'eau sont restés, dans
l'ancien droit, la propriété des Seigneurs Justiciers, qui
les détenaient en compensation des frais qu'entraînait
pour eux l'administration de la justice ; dès lors, les
lois abolisives de la féodalité ayant rendu à l'État l'administration de la justice, le pouvoir central a dû recouvrer
de plein droit, avec celle-ci, le domaine des petites rivières, qui en était l'accessoire entre les mains des Seigneurs. Ils ajoutent enfin que depuis cette époque on ne
trouve, ni dans les lois de l'époque intermédiaire, ni
dans le Code civil, aucun texte, qui ait enlevé à l'État
la propriété des petits cours d'eau. L'article 563 de ce
Code, prouve, au contraire, que le législateur a entendu
lui conserver la propriété de ces rivières,

Le point de départ de ce système est faux et il n'est
pas exact de dire, comme nous l'avons déjà établi dans
notre étude du droit romain, que tous les cours d'eau
étaient rangés, à Rome dans le domaine public. L'argument tiré de l'ancien droit n'est guère plus sérieux,

nous le prouverons tout à l'heure ; nous ne trouvons
dans la période intermédiaire aucun texte qui nous parle
du droit de propriété de l'État, et il existe au contraire
une loi du 22 décembre 1789 qui parait considérer les
cours d'eau comme choses communes. Enfin il est inexact de prétendre que le Code civil n'a pas écarté les
droits de l'État sur les petits cours d'eau en présence
de l'art. 538 de ce Code qui ne comprend dans le domaine public que les rivières navigables et flottables.
Quant à l'argument tiré de l'article 563 nous verrons
bientôt qu'il peut être facilement retourné contre ceux
qui l'invoquent au profit de l'État.

II.

Les riverains sont propriétaires du lit, le cours d'eau
est *res nulluis*.

Ce système, qui nous parait insoutenable, repose tout
entier sur l'article 561 du Code civil, qui attribue aux
riverains les îles et atterrissements formés dans les rivières non navigables ni flottables. Ce droit résulte
a-t-on dit, du droit de propriété des riverains
sur le lit dont les îles et atterrissements ne sont que
l'accessoire. Quant à l'eau courante, elle échappe, par
sa nature même, à toute appropriation privée.

Cette distinction entre le lit et l'eau est absolument
incompréhensible : on ne voit pas en effet, en tant que
le cours d'eau subsiste, quelle pourrait être l'utilité
d'une propriété constamment recouverte par l'élément
commun. Ce système amènerait d'ailleurs un résultat

bizarre : Tant que les riverains conserveraient la propriéte du lit ils ne pourraient en user puisqu'il serait recouvert par l'eau, chose commune, affectée à l'usage commun et, au moment où ils pourraient retirer de leur droit quelque avantage à suite du desséchement du lit, ils en perdraient la propriété en vertu de l'article 563. du Code civil.

L'argument tiré de l'article 561 est invoqué aussi par les partisans du droit des riverains, nous le réfuterons plus loin.

Ces deux systèmes écartés, la controverse est limitée entre ceux qui attribuent aux riverains la propriété des cours d'eau non navigables et ceux qui considèrent ces rivières comme choses communes régies par l'article 714. du Code civil. C'est cette dernière opinion définitivement consacrée aujourd'hui par la jurisprudence, que nous croyons devoir adopter Nous la justifierons en répondant en quelques mots aux arguments principaux produits en faveur des riverains.

Réfutation du système qui attribue aux riverains la propriété des petits cours d'eau Conclusion.

Cette opinion avait obtenu tout d'abord une grande faveur. Elle a été soutenue par de nombreux et éminents jurisconsultes tels que Toullier, Marcadés, Duvergier, Troplong, Daviel, Championnière etc., et consacrée par de nombreuses décisions judiciaires. Tous ces

auteurs ont emprunté des arguments au droit romain et
à l'ancien droit, mais, s'ils sont tous arrivés à la même
conclusion c'est souvent par des voies différentes. C'est
sur toutentre Troplong et Championnière qu'éclatent les
divergences les plus remarquables.

Championnière et beaucoup d'auteurs avec lui, partent
de ce principe que les riverains étaient en droit romain
et sous le régime féodal propriétaires des petites rivières, et affirment que les seigneurs justiciers n'y ont
jamais eu, à ce titre, aucun droit de propriété. Ils en
concluent dès lors que les riverains doivent jouer dans
cette question le rôle de possesseurs de défendeurs et
qu'en conséquence la propriété des petites rivières con-
tinuera de leur appartenir tant qu'on n'apportera pas
contre eux une disposition du droit intermédiaire, ou du
droit nouveau qui les en ait dépouillés.

Or, loin qu'aucune loi la leur ait enlevée, dit-on,
plusieurs articles du Code civil la leur reconnaissent expressement.

M. Championnière a consacré à la démonstration de
son importante prémisse son long et remarquable ouvrage: *De la propriété des eaux courantes.*

M. Troplong part d'un autre principe. Il convient
qu'avant la révolution on ne suivait pas en France, les
règles du droit romain, et soutient que les petites rivières appartenaient presque partout aux seigneurs
hauts-justiciers comme accessoires de leurs justices. La
révolution de 1789 survint et reconstituant l'unité du

pouvoir rétablit aussi l'unité de la justice. Elle replaça ainsi, entre les mains de l'Etat, avec les accessoires qu'elles comportaient, toutes les prérogatives des seigneurs justiciers, et l'Etat se trouva dès lors investi de la propriété des petites rivières, Mais il ne conserva pas longtemps cette propriété dont il se désaisit au profit des particuliers et M. Troplong croit trouver la preuve de cet abandon au profit des riverains dans les articles 538, 556, 557, 561. 644. qui sont d'ailleurs invoqués par tous ceux qui soutiennent comme lui le droit des riverains.

Nous répondrons d'abord qu'il est impossible de tirer aucun argument du droit Romain. Nous avons déja vu, en effet, que l'on en trouve soit aux Institutes, soit au Digeste, que des textes épars, souvent obscurs et qui sont loin de constituer un corps de doctrine satisfaisant.

L'étude de l'ancien droit ne nous éclaire pas davantage sur le sujet qui nous occupe et l'on peut dire que la question de propriété des petites rivières était aussi obscure dans le droit des coutumes qu'elle a pu le paraître de nos jours. La jurisprudence des parlements n'était pas moins incertaine et les auteurs étaient loin de s'entendre sur cette question. Le seul point qui ne paraisse pas douteux dans cette histoire de l'ancien droit c'est que les petites rivières étaient considérées par les jurisconsultes du XVIIIe siècle comme étant la propriété des seigneurs Justiciers. M. Championnière lui-même reconnait d'ailleurs l'exactitude de ce point mais il considère cette opinion comme erronée, et, d'après lui, *les préjugés du XVIII* *siècle formant la croyance du législa-teur de 1790 doivent être écartés.*

Cette opinion que M. Championnière qualifie un peu légèrement de préjugé, fut donc, il le reconnaît lui-même, celle de la grande majorité des légisteurs de 1790, et nous pouvons d'ailleurs joindre à cet aveu une preuve bien plus concluante encore en invoquant l'opinion de Merlin, un des jurisconsultes qui ont le plus contribué à la confection des lois abolitives de la féodalité et que l'on a considéré avec raison comme l'âme du droit inter-médiaire : il affirme que les rivières étaient, avant 1789, la propriété des Seigneurs hauts justiciers et que telle était l'opinion de tous ses collègues.

Mais si les droits des Seigneurs ne dérivaient que de la justice il n'est pas douteux que ces derniers n'aient jamais pu avoir sur les petites rivières un véritable droit de propriété. Les Justices n'étaient, en effet, à l'ori-gine que des fonctions publiques et n'ont pas pu perdre ce caractère. C'est par un abus de leurs droits de police que les Seigneurs avaient fini par s'attribuer le droit de jouir et de disposer de tous les avantages que peut offrir le cours d'eau ; mais ce droit n'a jamais pu être qu'un droit d'usage très-étendu sur le cours d'eau et non un droit de propriété. Dès lors, les justices ayant disparu, le droit des Seigneurs sur les petits cours d'eau s'est éteint avec elles et nul ne peut élever aucune prétention sur ces rivières qui restent pour tous choses *nullius* des-tinées à l'usage commun.

Le législateur de l'époque intermédiaire n'a nullement modifié ce principe. Il l'a au contraire confirmé. Nous en trouvons la preuve dans la loi du 22 décembre 1789, section III, article 2, qui charge « les administrations de département de veiller à la conservation des *rivières*, forêts, chemins et autres choses *communes*. » Dans la loi des 12, 20 août 1790, qui place toutes les rivières sans distinction sous la surveillance de l'autorité administrative. Nous invoquerons encore un remarquable rapport de M. Arnoult, lu à l'Assemblée constituante dans la séance du 23 avril 1791, et où le principe que nous soutenons se trouve formellement énoncé. « Nécessaires aux besoins de tous, disait le rapporteur, les rivières ne peuvent être, non plus que les fleuves, la propriété d'un seul. » Enfin c'est surtout dans le Code civil que nous trouvons la confirmation de notre système.

Et tout d'abord, que nos adversaires nous montrent dans ce Code une disposition formelle qui attribue à qui que ce soit la propriété des cours d'eau. Les partisans du droit des riverains comme ceux du droit de l'État sont impuissants à produire aucun texte formel et cet argument suffirait à les réduire au silence. D'ailleurs, le système de la propriété publique des petits cours d'eau trouve dans les articles 538 et 644, une condamnation irrévocable. Nous n'y reviendrons pas.

Quant aux riverains, ils tirent tout d'abord de l'article 538, qui n'attribue au domaine public que les rivières navigables et flottables, un argument a contrario qui aurait une grande force si notre Code n'admettait que deux sortes de domaines : le domaine public et celui des particuliers. Mais il existe une troisième catégorie de choses qui n'appartiennent à personne et dont l'usage est commu à tous (art. 714. C. c.) c'est dans cette catégo-que nous rangeons les petites rivières.

On invoque encore les articles 556 556, 557, 561, et l'on prétend que si le législateur a conféré aux riverains les droits aux alluvions, îles, etc. C'est qu'il les considé-rait comme propriétaires du lit. On fait remarquer en effet que ces articles se trouvent au titre de l'accession et que les divers biens dont il s'agit sont évidemment acquis comme accessoires du lit.

Nous répondrons qu'il ne s'agit ici en aucune façon d'un prétendu droit d'occession au lit dont le Code ne parle nulle part.

Les travaux préparatoires du Code nous apprennent au contraire que c'est pour *des motifs d'utilité publique* que les alluvions ont été laissées aux riverains et que les îles et îlots dans les petites rivières leur ont été attribués par ce qu'il s'agit *là de choses de peu d'importance* (Locré tit. VIII, p. 184).

On a encore essayé de tirer argument de l'article 644. Nous nous bornerons à faire observer que, dans cet arti-cle, le législateur a employé les mots *user, se servir* qu'il a en un mot, consacré, au profit des riverains certains droits d'usage mais aucun droit de propriété.

Nous terminerons cet examen des dispositions du Code

civil en faisant valoir en faveur de notre système un article qui nous parait décisif C'est l'article 563. Que nous
dit en effet cet article ? Que l'ancien lit est accordé à titre
d'indemnité au propriétaire du terrain envahi : mais s'il
est dû indemnité à ce propriétaire c'est qu'évidemment il
a perdu la propriété du sol occupé par les eaux ; le nouveau lit cesse donc d'appartenir à son propriétaire. Quant
à l'ancien, ce même article nous prouve qu'il n'a jamais
appartenu aux riverains car s'il en eut été ainsi le législateur n'aurait jamais pu en disposer. Il y aurait là une
spoliation. On voit aussi qu'il est inutile de supposer
l'Etat propriétaire des petits cours d'eau pour expliquer
l'article 563. En présence d'une chose sur laquelle nul
ne pourrait prétendre aucun droit, le législateur a cru
pouvoir en disposer au profit du propriétaire dont le
fonds a été envahi.

Il nous parait donc suffisamment démontré que l'o-
pinion qui repousse toute espèce d'appropriation des
petits cours d'eau est bien celle qui a été adoptée par
le législateur de 1804.

On a essayé d'établir que la question avait été indirectement résolue en sens inverse par le législateur après
le Code civil, mais nous allons voir que les dispositions
postérieures à ce Code que l'on a invoqué n'ont porté
aucune atteinte au principe que nous soutenons.

On a d'abord fait valoir un avis du Conseil d'Etat du
19 février 1808 qui reconnaît aux riverains le droit de
pêche sur les petit cours d'eau, mais pour ce seul et uni-

que motif qu'en vertu des principes d'équité celui qui
supporte les inconvénients qui résultent du voisinage du
cours d'eau doit aussi profiter des bénéfices qu'il pro-
cure.

Un projet de Code rural, préparé en 1808 était favorable aux riverains, mais il est resté à l'état de projet.

En 1828, une proposition de loi ayant pour objet d'attribuer aux riverains la propriété des cours d'eau non
navigables fut repoussée dar la Chambre des Pairs.
(Moniteur 13 mai 3 et 7 juin 1828).

La loi de 1829 sur la pêche fluviale attribue par son
article 2, le droit de pêche aux riverains des petits cours
d'eau, mais cette loi n'a pas tranché la question de propriété des petites rivières ; aucun doute n'est passible en
présence des déclarations et des réserves faites par le législateur.

Les lois du 29 avril 1845 et 11 juillet 1847, n'ont pas
davantage dérogé aux règles antérieures que la condition
des cours d'eau non navigables. Enfin un deuxième
projet du Code rural, élaboré sous le second empire et
favorable aux prétentions de l'Etat n'a pas eu plus de
succès que celui de 1808.

Tels sont les seuls textes que l'on puisse nous apposer :
on a pu voir qu'il n'est guère possible d'en tirer quelques
arguments sérieux. Nous n'hésitons donc pas à déclarer
que les petits cours d'eau sont aujourd'hui, ce qu'ils
étaient sous l'empire du Code, choses communes régies par l'article 714 du Code civil. Cette opinion confir-

mée par un grand nombre d'arrêts de Cours d'appel, est
aussi sanctionnée depuis longtempset d'une façon constante par la Cour de cassation.

(Cassat. 10 juin 1846, D. 1. p. 177.)

(Cassat. 17 juin 1850, D. 1851 ; 1 p. 122.)

Il nous reste, avant de passer aux conséquences de ce
système, une dernière question à examiner ; c'est celle de
savoir quelle est la condition légale des ruisseaux. Le
Code civil établit une distinction entre les rivières navigables et les rivières non navigables, faut-il distinguer
encore les rivières non navigables des ruisseaux. Un
grand nombre d'auteurs et, entr'autres, M. Demolombe,
pensent que cette distinction est nécessaire et que les
ruisseaux appartiennent aux riverains. Nous sommes
d'un avis contraire et partageons sur ce point l'opinion
de MM. Aubry et Rau (tit. II, § 68, p. 37) L'opinion contraire n'est fondée sur aucun texte. M. Demalombe se borne à équivoquer sur le mot rivière, de plus,
il est évident que la distinction proposée est purement
arbitraire: Il serait, en effet, fort difficile de dire ou commence la rivière et ou finit le ruisseau. Remarquons
enfin que cette opinion est en contradiction formelle avec
l'article 644, Code c., et la loi du 22 octobre 1798,
qui prescrit à l'administration de diriger toutes les eaux
courantes vers un but d'utilité générale.

Conséquences du système qui considère les rivières non navigables comme choses communes.

Toue prétenton des riverains qui ne serait au fond que la conséquence de leur prétendu droit de propriété doit être écartée. Nous passerons en revue un certain nombre d'hypothèses de ce genre dans lesquelles les tribunaux leur ont refusé toute espèce de droit.

Cependant comme il ne s'agit ici que de cours d'eau, qui quoique perennes et susceptibles d'offrir de grands avantages au point de vue de l'agriculture et de l'industrie, ne sont pas, par leur nature, destinés à l'usage public d'une façon aussi absolue que les cours d'eau navigables, le législateur a pensé que l'on pouvait, sans porter aucune atteinte aux intérêts généraux, attribuer aux riverains de ces cours d'eau certains droits d'usage constituant à leur profit de véritables biens dépendants de leurs héritages, droits dont ils peuvent dès lors demander le maintien devant l'autorité judiciaire gardienne de tous les intérêts privés.

Ces droits sont : le droit d'alluvion, article 556 et 557; le droit aux atterrissements et aux îles, article 561 ; le droit de pêche, loi de 1829, article 2 ; le droit aux produits du curage qui résulte de l'obligation de curage et enfin le droit d'user des eaux à leur passage, article 644, Code civil.

Enfin, et c'est ici la conséquence la plus importante de notre système, il est nécessaire de reconnaître à l'autorité administrative, un droit de surveillance et de po-

lice sur les petits cours d'eau afin de prévenir les évènements calamiteux qui pourraient résulter d'un abus de
jouissance de la part des riverains et surtout de diriger
les eaux de ces rivières de la manière la plus profitable
aux intérêts de l'agriculture et de l'industrie en un mot,
aux intérêts généraux du pays.

Cas les plus importants dans lesquels les prétentions
des riverains doivent être écartées :

1° La pente du cours d'eau et la force motrice qui en
résulte n'appartient pas aux riverains.

Les défenseurs du prétendu droit de propriété des
riverains sur les cours d'eau non naviguables, voyant
leur doctrine définitivement repoussée à partir de l'arrêt
solonnel de 1846, s'étaient réfugiés. Comme dernier
retranchement dans la prétention du droit à la pente.
Mais les décisions constantes et concordantes de la jurisprudence civile et du Conseil d'État depuis cette époque
ont repoussé ce principe malgré l'ardeur que certains
jurisconsultes, M. Daviens et Garnier entr'autres, ont mis
à le défendre.

Ces derniers soutenaient que chaque riverain est propriétaire de pente le long de son héritage. On leur a
apposé avec raison l'article 714 du Code civil.

Et les lois du 12, 20 août 1790 et du 6 octobre 1791
qui confèrent à l'administration le droit de fixer la hauteur des eaux pour éviter la trop grande élévation des écluses et le droit de diriger toutes les eaux du territoire vers un
but d'utilité générale d'après les principes de l'irrigation.

Or le droit de fixer la hauteur des barrages construits et à construire est une seule et même chose que le droit de disposer des pentes.

D'autre part, en l'état actuel de la division parcellaire du sol, si chaque propriétaire avait le droit de disposer de la pente du cours d'eau le long de la rive, personne, en réalité n'en pourrait profiter. Une telle division de la force motrice en amènerait la destruction. Enfin la construction d'un grand nombre de barrages, très rapprochés les uns des autres, serait un obstacle au libre écoulement des eaux, obstacle qui pourrait devenir très dangereux si des dispositions n'étaient pas prises par une autorité supérieure pour assurer dans tous les cas le libre cours du fleuve.

(Cassat. 19 janv. 1858, 5e Dange, D. II. 127.)

2° Aucune indemnité n'est due aux propriétaires riverains par le lit de la rivière, lorsque ce lit est exproprié pour cause d'utilité publique ou lorsque la rivière est déclarée naviguable ou flottable.

C'est là une hypothèse qui s'est présentée fréquemment et qui a donné lieu à de nombreuses réclamations. Mais les petits cours d'eau étant choses communes d'après l'article 714, et les riverains ne pouvant y prétendre que les droits d'usage qui leur sont expressément et limitativement conférés par la loi (art. 644, loi de 1829), il est évident que les riverains ne sauraient exiger une indemnité en cas d'expropriation du lit qui se trouve forcément chose commune comme l'eau courante qui le

couvre. Les prétentions des riverains à l'indemnité ne
sauraient être admises que dans les cas où elles reposent
sur un titre légitime, sur la suppression d'un droit acquis,
et, en ce qui concerne le lit des cours d'eau navigables,
les riverains sont impuissants à produire un titre légitime
quelconque.

La cour de cassation a plusieurs fois consacré cette
opinion et notamment par un arrêt célèbre du 10 juin
1846 que nous avons déjà cité et qui donna lieu à une
longue et solennelle discussion en chambre du conseil,
entre des magistrats éminents, tels que M. Troplong et
M. Rives.

Il s'agissait de la construction du canal de jonction, de
la Sambre et de l'Oise et le représentant de la Société du
canal avait compris dans l'expropriation des terrains la
prairie d'un sieur Parmentier, traversée par la rivière
d'Etreux, non navigable ni flottable. Devant le jury
d'expropriation, Parmentier se fondant sur ce que les
riverains étaient propriétaires des cours d'eau non navigables ni flottables, demanda une indemnité pour le lit
de la rivière. Le tribunal de Vervins avait déclaré la demande mal fondée, la cour d'Amiens infirma ce jugement
mais l'arrêt de la Cour d'Amiens fut cassé à son tour
par la Cour de cassation, qui rendit à propos de cette
hypothèse insignifiante, un véritable arrêt de principes
touchant la condition légale des cours d'eau non navigables ni flottables. Elle a, depuis lors, maintenu sa jurisprudence.

(Cassat. 10 juin 1846, D. 1. p. 177.

3° Tout le monde peut circuler en bateau sur les cours d'eau non navigables ni flottab'es.

Cette conséquence du système qui n'attribue à personne la propriété des rivières non navigables a été vivement contestée et notamment par M. Daviel qui a soutenu que les riverains peuvent défendre l'accès de la rivière comme l'accès de toute autre propriété. Revendiquer le droit de circuler en bateau sur les cours d'eau, serait, d'après cet auteur, vouloir constituer sur le fonds d'autrui une servitude dont aucun texte n'autorise l'établissement.

De nombreux jurisconsultes ont cependant soutenu l'opinion contraire qui a été définitivement consacrée par la Cour de cassation. Le droit de chaque riverain de circuler en bateau sur les petites rivières et d'y faire circuler tous les approvisionnements nécessaires à une exploitation agricole résulte, en effet, de l'affectation de ces rivières à l'usage commun. « Il ne faut pas, dit fort bien M. Demalombe, se laisser abuser par ces mots de *petites rivières* qu'on emploie souvent pour désigner les cours d'eau non navigables ni flottables. Il est telles petites rivières qui sont très grandes et on ne comprendrait pas que cet élément, dont l'usage est commun à tous d'après la loi, ne peut pas être utilisé pour le plus grand avantage de tous. » On ajoute il est vrai que le droit, pour les riverains, de circuler en bateau, peut faciliter l'accès des propriétés voisines et amener ainsi un dommage considérable. Nous répondrons que l'administration gardienne des intérêts généraux, pourra toujours intervenir en vertu de ces attributions de police et prévenir de tels abus par ses règlements.

La doctrine que nous tenons de défendre a été consacrée plusieurs fois par la Cour de cassation et notamment par un arrêt du 8 janvier 1865, Er Prichot.

Certains auteurs vont plus loin et prétendent qu'il existe sur le bord des rivières non navigables ni flottables un droit de passage au profit du public, droit fondé sur ce que l'eau courante doit être accessible à tous pour les besoins naturels. Ce raisonnement n'est évidemment pas juste. Il s'agit, en effet, d'imposer aux propriétaires riverains une véritable servitude ; il fandrait dès lors un texte qui l'établit et ce texte fait défaut.

4° Le lit d'une rivière qui se dessèche sans se creuser un nouveau lit sur d'autres terrains, doit être rangé dans cette catégorie de biens qui, n'ayant pas de maître, appartiennent à l'Etat.

C'est là une hypothèse assez rare mais dont on peut cependant citer des exemples. C'est ainsi qu'en 1828 le Gouvernement ordonna la vente au profit du trésor, de certaines parties de l'ancien lit de l'Armanson dont les eaux avaient été détournées pour alimenter le canal de Bourgogne. La solution que nous avons indiquée fut appliquée dans cette hypothèse

Certains auteurs cependant, même parmi ceux qui considèrent les petits cours d'eau comme choses communes, pensent qu'il faut attribuer aux riverains le lit desséché. M. Demalombe notamment est de cet avis et se fonde d'abord sur ce que les atterrissements, dans les cours d'eau non navigables ni flottables, sont attribués aux riverains ; le lit desséché, n'étant d'après lui, qu'un immense atterrissement, doit aussi leur appa tenir. Il ajoutequ'il n'y a aucune contradiction, à admettre que les petites rivières, en tant que cours d'eau, sont choses communes et à reconnaître d'autre part, aux riverains, la proprié du lit desséché. L'élément commun ayant disparu, il ne s'agit plus que d'attribuer une chose parfaitement susceptible de propriété privée.

Nous ne partageons pas cette manière de voir. Il nous paraît d'abord exagéré de dire que le lit desséché n'est qu'un atterrissement en grand. Il ne faut pas oublier, en effet, que les atterrissements survenus dans un cours d'eau, non navigable ont été attribués aux riverains, c'est parce qu'on a considéré qu'il s'agissait là de choses de peu d'importance et il est bien évident qu'on ne saurait employer de pareils termes à l'égard du lit desséché. D'autre part, les riverains ne sont pas propriétaires des cours d eau non navigables, ils n'ont sur ces rivières que certains droits d'usage et si l'élément sur lequel ces droits ont été établis vient à disparaître, ces droits disparaissent forcément avec lui. Il nous paraît dès lors étrange d'en conclure que les riverains ont acquis par cela même une propriété à laquele ils avaient été étrangers jusque-là

Droits et obligations des riverains des cours d'eau non navigables ni flottables.

De la combinaison des différents textes que nous avons étudiés, il résulte nettement, que, si les cours d'eau non navigables, considérés en eux-mêmes, sont choses communes ne pouvant appartenir privativement à personne, les charges comme les profits du voisinage de ces cours d'eau sont d'autre part l'attribution exclusive des riverains qui ont seuls le droit de prétendre aux emplois utiles de l'eau courante. Le législateur a pensé que les riverains ayant seuls à supporter les charges et les inconvénients qui résultent du voisinage du cours d'eau, il était juste de leur en abandonner à titre de compensation, tous les produits avantageux.

Nous examinerons rapidement l'étendue et les conséquences de ces divers droits.

Droit aux alluvions, atterissements et îles.

(art 556, 557, 561 C. civil)

Comme dans les cours d'eau du domaine public et pour les mêmes raisons les alluvions sont ici attribuées aux propriétaires riverains. Mais à la différence de ce qui se passe dans les cours d'eau navigables les riverains des petites rivières acquièrent aussi les îles et les atterissements. Nous n'insisterons pas sur les motifs de cette différence ; on comprend très bien, en effet, que ces divers biens ont ici une importance bien moins considérable que dans les fleuves navigables et d'autre part, cette nécessité d'ordre public qui exigeait que l'administration, gardienne des intérêts généraux de la navigation, fut propriétaire de tous ces obstacles pour les faire disparaître en temps utile, n'existait pas en ce qui concerne les petits cours d'eau.

Nous n'insisterons pas davantage sur les caractères distinctifs des alluvions des attérissements et des iles, pas plus que sur le mode de partage de ces divers biens. Nos législateurs ont fait revivre à cet égard, les dispositions essentielles de la législature romaine.

Nous nous bornerons à indiquer les conséquences de l'attribution aux riverains des alluvions attérissements et iles.

C'est au titre de l'accession que le Code règle l'attribution de ces biens c'est donc en vertu du droit d'accession que les riverains acquièrent ces dépendances, ces accessoires de leurs fonds, qui s'incorporent et s'identifient à ces héritages au point que toute distinction devient impossible et que la chose accessoire doit désormais suivre forcément la condition de la chose principale.

Ce principe posé, on en peut tirer de nombreuses conséquences.

C'est ainsi que les alluvions, atterissements ou iles seraient propres au acquets de communauté, dotaux ou paraphernaux, suivant la condition de fond riverain auquel ils se trouvent incorporés.

Ces biens se trouveraient encore compris dans les legs que l'on pourrait faire des fonds riverains, de même qu'ils se trouveraient soumis aux charges, servitudes, usufruit, hypothèques, qui grèveraient ces fonds.

Aucun doute ne peut s'élever en ce qui concerne l'usufruit, puisque l'article 596 Code civil dit expressement que l'usufruitier jouit de l'augmentation survenue par alluvion à l'objet dont il a l'usufruit et l'article 597 plus général mais non moins explicite ajoute : que l'usufruitier jouit généralement de tous les droits dont peut jouir le propriétaire et qu'il en jouit comme le propriétaire lui-même.

Quant à l'hypothèque conventionnelle la question peut paraitre plus délicate au moins en ce qui concerne les iles, par ce motif qu'il s'agit là d'une hypothèque spéciale qui ne frappe dès lors que les biens nominativement désignés dans le contrat hypothécaire, avec leurs vrais et légitimes confronts. Nous pensons cependant, en raison du principe posé plus haut, que l'hypothèque, même spéciale qui grève le fonds riverain doit aussi s'étendre à l'île qui s'est formée en regard de ce fonds. Il ne s'agit pas ici, en effet, d'un nouveau fonds juxtaposé au précédent et distinct de celui-ci il ne s'agit que d'un accessoire de l'héritage riverain accessoire de peu d'importance et qui se confond absolument avec lui.

C'est pour la même raison que nous reconnaîtrons encore au fermier d'un fonds riverain le droit de percevoir les revenus des atterissements où iles qui se formeraient le long de l'héritage affermé.

Du droit de pêche.

Avant 1789 le droit de pêche sur les rivières non navigables ni flottables était un attribut de la puissance féodale, le droit devint, d'après nous, res nulluis comme le cours d'eau lui-même après les lois abolitives de la féodalité, cependant un avis du conseil d'Etat du 30 pluviose an XIII déclara que depuis l'abolition de la féodalité ce droit appartenait aux riverains. La loi de 1829 (15 avril) est venue confirmer cette opinion, et réglement a par un ensemble de disposi ion, exercice du droit reconnu aux riverains. Ce droit, comme tous ceux qui leur sont attribués par le Code, est considéré comme une juste compensation des inconvenients qui résultent pour eux du voisinage du cours d'eau.

Le droit des riverains est consacré par l'article 2 de la loi de 1829 ainsi conçu : les propriétaires riverains auront, chacun de son côté, le droit de pêche jusqu'au milieu du cours d'eau sans préjudice des droits contraires établis par possession aux titres.

Le droit de pêche est donc une dépendance une qualité active des fonds riverains et les propriétaires de ces fonds peuvent établir tous les ouvrages nécessaires à l'exercice de ce droit jusqu'au m lieu du cours d'eau.

En raison du principe que nous venons de poser, nous ne pensons pas que le droit de pêche puisse être

détaché des fonds riverains au profit du propriétaire
d'un héritage non riverain soit par titre soit par prescription. C'est ce qui a été décidé par un avis du conseil d'Etat du 19 octobre 1811 inséré au bulletin des
lois (tit. 15. p. 474. 4° série). On objecte cependant
que d'après l'article 2 de la loi de 1829 des droits contraires à ceux des riverains pouvant être établis par
titre ou prescription, mais on peut répondre que
les modifications qui résultent de possessions ou titres contraires ne peuvent avoir d'effet qu'entre les riverains et seulement de manière à modifier les délimi-
tations établies par l'article 2. de la loi de 1829. On
comprend d'ailleurs très bien que le législateur, qui
avait à cœur de faire soigneusement disparaitre tous les
vertiges de la féodalité, n'ait pas admis la validité
d'une pareille cession qui aurait placé certains héritages
dans un état de dépendance vis-à-vis d'autre fonds, état
offrant une grande analogie avec les droits du régime
féodal, tout ce que l'on peut admettre c'est que des
riverains considéré temporairement leur droit même
à des non riverains, à titre d'usage d'usufruit ou de
bail.

Mais, dans des rapports des riverains entre eux, nous
admettons très biens que l'on d'eux puisse acquérir, par
titres ou prescription le droit de pêche à l'exclusion des
autres. C'est ce que nous dit l'article 2. de la loi de
1829. On objecte cependant que le droit de pêche étant
une servitude discontinue ne saurait s'acquérir par pres-

cription, article 691 Code civil. Nous répondrons qu'il s'agit de bien saisir l'hypothèse ; nous ne prétendons pas que tel riverain qui pêche depuis un temps très long, dans toute la largeur ou la longueur de la rivière ait acquis quoique ce soit par prescription, mais si ce riverain a établi quelque établissement permanent de pêcherie, il y aura là évidemment une servitude continue et apparente, qui pourra dès lors être acquise par prescription. (Paris 30 avril 1844 Bernard. De 1844. II. 482).

Droit d'extraire du lit de la rivière, les limons, sables etc.

Aucun texte n'accorde expressément ce droit aux riverains, mais on est d'accord de leur attribuer les limons, sables, herbes et roseaux qu'ils pouvaient extraire du lit du cours d'eau ou récolter sur les bords comme une juste indemnité de l'obligation de curage qui pèse sur eux.

Droits d'usage conférés aux riverains par l'article 644, Code civil.

L'article 644 est comme la chart. des riverains.

Cet article est ainsi conçu. « Celui dont la propriété borde une eau courante autre que celle qui est déclarée dépendance du domaine public au titre de la distinction des biens, peut s'en servir à son passage, pour l'irrigation de ses propriétés, celui dont cette eau traverse l'héritage peut même en user dans l'intervalle qu'elle y parcourt mais à la charge de la rendre à la sortie de ses fonds, à son cours ordinaire.

Observons d'abord que cet article ne s'applique pas aux cours d'eau du domaine public, mais, sauf ce cas, aucune distinction n'est à faire entre le riverain des petites rivières ou des ruisseaux, ils ont tous les mêmes droits. Ce qu'il y a lieu de remarquer surtout dans cet article, c'est la différence établie entre le 1er et le 2e alinéas, c'est-à-dire entre les droits des propriétaires des fonds qui sont seulement bordés ou au contraire traversés par le cours d'eau.

De plus, il est nécessaire, pour compléter l'étude des droit d'usage attribués aux riverains sur les cours d'eau par l'article 644 de combiner ce texte avec l'article 645 qui le suit, avec la loi du 29 avril 1845, qui accorde aux propriétaires qui veulent se servir pour arroser leurs propriétés *non riveraines* des eaux naturelles ou artificielles dont ils ont le droit de disposer, un droit de passage sur les fonds intermédiaires à charge d'en obtenir la concession de l'autorité judiciaire et de fournir une juste et préalable indemnité ; enfin avec la loi du 11 juillet 1847, qui a concédé au riverain d'un seul côté, aux conditions ci-dessus, le droit d'appuyer sur le fonds du riverain apposé, les ouvrages nécessaires à constituer un barrage ou une prise d'eau.

Ces divers textes ont fait naître un grand nombre de questions délicates, nous nous bornerons à l'étude des difficultés les plus saillantes de cet important sujet.

1°

Droits des riverains d'un seul côté.

Aux termes de l'article 644 1° Code civil, celui dont la propriété borde une eau courante, autre que celle qui est déclarée dépendante du domaine public, peut s'en servir à son passage pour l'irrégation de ses propriétés.

Le riverain d'un seul côté peut donc arroser toutes les terres formant une même exploitation, un même tout, avec la pièce riveraine ceci résulte évidemment de l'emploi des mots « ses propriétés. »

Le propriétaire riverain aurait-il le droit de faire participer au bénéfice de l'irrigation des propriétés non riveraines ?

On lui a refusé ce droit en se fondant, sur les termes restrictifs, de l'article 644, celui dont la propriété *borde*, etc, et on a ajouté que le législateur n'avait pas entendu attribuer les avantages de l'irrigation à des propriétés qui ne souffraient pas du voisinage du cours d'eau. Le droit de faire participer les terres non riveraines au bénéfice de l'irrigation se trouve donc incompatible, soit avec le texte, soit avec l'esprit de la loi.

Ces arguments sont sérieux, cependant l'affirmative nous paraît devoir être suivie surtout depuis la loi du 29 avril 1845, qui, en constituant la servitude, de passage pour les eaux dont le propriétaire a le droit de disposer a décidé, par cela même, que l'usage de ces eaux n'était pas limitativement attribué aux fonds riverains. Cette solution se justifiait d'ailleurs très bien sous l'empire du Code. Ce que le Code dit, en effet, expressément c'est qu'il faut être riverain pour avoir droit à l'eau, mais le droit reconnu et la quantité d'eau à laquelle tel riverain peut avoir droit ayant été déterminé, on ne voit pas pourquoi celui-ci ne pourrait pas disposer de cette quantité d'eau à sa volonté, autant qu'aucun préjudice n'est causé ni au coriverain ni aux riverains inférieurs.

(Cassat. 8 nov. 1854. D'Escare. dev. 1855, 1, 49.)

Le droit pour le propriétaire riverain de faire bénéficier de l'irrigation ses terres non riveraines étant reconnu, on en peut conclure tout naturellement à la légalité de la cession qu'il ferait de son droit à un non riverain. Cette décision est d'ailleurs conforme au texte et à l'esprit de la loi de 1845.

Le droit d'irrigation pourrait encore appartenir à un propriétaire non riverain en vertu d'un ancien statut ou usage local reconnu par l'article 645, d'une convention passée avec tous les intéressés de la prescription ou de la destination du père de famille.

Pour déterminer quels sont les fonds riverains auxquels s'applique le bénéfice de l'article 644, il est nécessaire d'examiner deux hypothèses. On peut supposer que le fonds riverain s'est augmenté par des acquisitions nouvelles ou, au contraire, qu'il se trouve amoindri à suite d'actes de partage ou autre mode d'aliénation.

Dans les deux cas il faut s'attacher à l'état des lieux tel qu'il existe au moment de la réclamation.

Dans la première hypothèse, on a dit pour établir que
les terrains nouvellement requis ne doivent pas participer au bénéfice de l'irrigation, qu'il s'agit ici d'une servitude qu'on ne saurait etendre arbitrairement, pas plus
par l'adjonction de terrains que par convention. « Y aurait là d'ailleurs un abus qui pourrait ê re très préjudiciable aux coriverains latéraux ou inférieurs par l'extention illimitée de telle ou telle propriété latéra'e. Mais il
est aisé de répondre que ces droits conférés aux riverains
par l'article 644 constituent de véritables facultés légales, le droit d'irrigation est dès lors plutôt un attribut de la propriété riveraine qu'une servitude proprement dite, et doit par conséquent se régler d'après les
principes généraux de la propriété et non d'après les
princides restrictifs des servitudes. Il s'agit d'appliquer
tout simplement l'article 644 qui établit le droit d'irrigation pour toutes les propriétés riveraines sans déterminer leur étendue. Les adversaires de ce système seraient
d'ailleurs bien embarrassés pour indiquer à quel moment
les droits définitifs de chacun ont été fixés.

Outre que l'opinion que nous soutenons est la seule
juridique, il faut bien remarquer qu'elle ne présente aucun des caractères d'injustice qu'on lui a reprochés. Il
arrivera souvent, en effet, que cette adjonction de terres
nouvelles au fonds riverain ne fera que replacer le fonds,
précédemment morcelé, dans son intégrité primitive ; il
peut se faire aussi que tel fonds, même argumenté par
une adjonction de terrain, se trouve encore avoir une

contenance moindre que le fonds du coriverain opposé. D'ailleurs tous les préjudices pourront être prévus ou réparés par l'intervention des tribunaux judiciaires, qui feront, en vertu de l'article 645, une sage et équitable répartition des eaux (Limoges 9 janvier 1838, D. 1839, II, 38).

Si nous supposons, au contraire, que le fonds riverain a été diminué par l'effet d'un partage ou de tout autre mode d'aliénation, nous pensons encore que les portions détachées de ce fonds, bien que n'étant plus riveraines, pourront participer au bénéfice de l'irrigation, si l'acte d'aliénation ou de partage contient une réserve expresse à ce sujet ou s'il existe quelque ouvrage apparent destiné à conduire les eaux jusqu'aux parcelles qui ont cessé d'être riveraines. Il y a, en effet, dans le dernier cas, destination du père de famille.

Si l'on objecte que les parcelles séparées ne sont plus riveraines et ne doivent plus avoir droit à l'irrigation nous répondrons qu'elles n'ont été séparées que sous la condition expresse ou tacite acceptée par toutes les parties, que ces parcelles divisées conserveraient le droit d'irrigation qui leur était acquis.

Et nous déciderons de même que cette convention est encore opposable aux coriverains latéraux ou inférieurs : ces propriétaires ne pourraient, en effet refuser le droit d'irrigation aux parcelles non riveraines qu'en invoquant l'acte de partage ou d'aliénation, et ils sont obligés de prendre cet acte dans son entier, avec la condition ex-

presse ou tacite qu'il contient. D'ailleurs le système contraire rendrait inutile le droit reconnu aux propriétaires
des portions détachées à l'encontre des copartageants ou
co-acquéreurs riverains, puisque la prohibition, pour
émaner des personnes qui n'étaient pas portées à l'acte,
n'aurait par moins pour effet de priver ces propriétaires du bénéfice de la réserve faite dans l'acte. Remarquons enfin, que notre système ne crée pas un droit au
profit de nouvelles propriétés il ne fait que maintenir le
bénéfice de l'irrigation à une portion de propriété qui en
jouissait sans intégrité et ce système a sur la doctrine
contraire le grand avantage e favoriser et de faciliter les
partages en évitant une trop grande dépréciation du
fonds divisé, dépréciation aussi nuisible aux intérêts généraux qu'aux intérêts privés et qui résulterait forcément de ce que certaines parcelles se trouveraient privées
de l'usage des eaux.

(Cassat. 30 juin 1841. D. 41. 1. 273).

L'article 644 porte, 1er alinéa : « Celui dont la propriété borde une eau courante peut s'en servir *à son
passage*. » Ces derniers mots et la comparaison de deux
alinéas de l'article ci-dessus établissent nettement que le
riverain d'un seul côté n'a pas le droit de déplacer le lit
du cours d'eau. il peut seulement pratiquer sur la rive
des seigneurs, des rigoles pour conduire l'eau sur son
fonds ; il a également le droit d'établir dans la rivière des
barrages ou prises d'eau en se conformant aux règlements établis par l'administration et en évitant dans

tous les cas, de porter atteinte aux droits égaux des coriverains de la rive opposée. Enfin, et ceci résulte par
a fortiori du 2° alinéa de l'article 644, le riverain d'un
seul côté est rigoureusement tenu de rendre l'eau à son
cours naturel à la sortie de son fonds.

On a pu discuter avant la loi du 11 juillet 1847, la
question de savoir si le droit à l'irrigation entraîne au
profit du riverain d'un seul côté, le droit d'appuyer
provisoirement ou à demeure, un barrage sur la rive
opposée. Proud'hon soutenait l'existence de ce droit ;
Daviel et les jurisconsultes partisans du droit de propriété des riverains sur les petits cours d'eau ensei-
gnaient, au contraire, que les riverains d'un seul côté ne
pouvaient établir aucun ouvrage au-delà de la ligne médiane de la rivière sans le consentement du co-riverain
et sans indemnité. Ces deux opinions étaient également
exagérées. D'une part, en effet, il est bien probable que
le droit d'appui n'existait pas puisqu'un texte législatif a
été jugé nécessaire pour imposer cette servitude au propriétaire de la rive opposée, qui ne la doit que moyennant indemnité. Mais il n'est pas douteux d'autre part,
que le riverain d'un seul côté n'eut le droit d'établir,
sauf indemnité pour le coriverain, des ouvrages dépas-
sant le fil de l'eau. Ce dernier n'ayant, en effet, aucun
droit sur le lit, n'aurait pu se plaindre que dans le cas où
l'entreprise de son coriverain l'aurait empêché d'exercer
son droit, et, dans cette hypothèse il aurait pu s'opposer
d'une façon absolue si l'établissement des ouvrages pro-

jetés. Mais dans le cas contraire, son action en indemnité aurait été irrecevable pour défaut d'intérêt.

L'opinion soutenue par M. Daviel et qui refusait au riverain d'un seul côté le droit d'appuyer des ouvrages sur la rive opposée a été implicitement consacrée, sauf les exagérations que nous avons signalées, par la loi de 1847, que nous étudierons plus loin.

L'article 644, 1er alinéa porte que le riverain d'un seul côté a le droit de se servir des eaux à leur passage pour l'*irrigation* de ses propriétés. Les termes de cet article sont-ils limitatifs et ce propriétaire ne peut-il user des eaux que pour l'*irrigation* de son fonds ? Il n'est pas douteux que l'irrigation est au moins l'objet essentiel de la faculté légale, mais certains jurisconsultes vont plus loin et soutiennent que l'eau courante ne peut être employée par le riverain d'un seul côté pour aucun autre usage que pour l'irrigation. Ils invoquent d'abord les termes formels de l'article 644, et ajoutent que c'est avec intention que le législateur a employé une telle formule «comprenant bien que l'irrigation est la source principale de fécondité, la vie des propriétés agricoles et qu'il faut éviter avec soin qu'un propriétaire, en détournant les eaux pour tout autre usage, prive ses coriverains des avantages de l'irrigation. Ce système avait été déjà éloquemment défendu à la Constituante par le député Arnoult dans un rapport déjà cité où nous lisons : « dans l'ordre du temps comme dans l'ordre de l'économie sociale l'intérêt de l'industrie ne doit être considéré qu'après celui de l'agriculture. »

Nous pensons, au contraire, d'accord sur ce point avec la jurisprudence, que l'article 644 1er alinéa ne doit pas être entendu dans le sens restrictif que certains jurisconsultes lui ont prêté et qu'il ne faut pas induire du silence de la loi que l'industrie ait été complètement exclue de l'usage des eaux. Il n'est pas douteux, nous l'avons reconnu, que le législateur ne se soit plus spécialement occupé de l'irrigation, et cet'e tendance s'explique sans peine si l'on veut bien observer qu'à l'époque de la confection du Code l'industrie était loin d'avoir acquis le développement et l'importance qu'elle a pris de nos jours. Mais il n'est pas vrai de dire bue l'agriculture mérite seule les encouragements et les préférences de la loi. Les cours d'eau sont entre les mains des hommes, des instruments de travail et de production et c'est à chacun de choisir le moyen de les utiliser avec le plus grand profit. Le propriétaire trouve un intérêt considérable à arroser ses prairies, mais l'industriel obtient aussi et surtout de nos jours d'excellents résultats en employant les eaux à faire mouvoir ses usines. Nous n'hésitons pas dès lors à déclarer que l'agriculture et l'industrie méritent une égale faveur.

D'autre part, au point de vue strictement juridique, il est facile de démontrer que les termes de l'article 644 1er alinéa, ne sont pas limitatifs. Et d'abord il n'est pas douteux que l'eau courante ne puisse être employée par le riverain d'un seul côté pour certains usages d'utilité domestique (lavoir Vivier). Il s'agit là de l'exercice de

certaines facultés naturelles que l'article 644 présuppose
évidemment, d'autant plus que, dans le cas de jouissance
abusive de la part du riverain les propriétaires lésés peuvent toujours avoir recours à l'autorité judiciaire pour
faire cesser le trouble (art. 645).

Nous sommes ainsi amenés à reconnaître au riverain
d'un seul côté le droit de faire couler les eaux sur son
fonds pour l'exercice de sa profession ou de son industrie.

Cette solution, se justifie pleinement en droit par la
comparaison des deux alinéas de l'article 644. Tout le
monde reconnaît que celui dont le cours d'eau traverse
l'héritage peut employer les eaux à tous les usages que
nous venons d'indiquer ; nous ne voyons dès lors aucune
raison de refuser le même droit au riverain d'un seul
côté. Il n'existe en effet, entre les deux situations, aucune différence juridique essentielle, c'est le seul fait de
l'assiette des propriétés qui les distingue ; tandis que le
riverain des deux côtés ne rencontre aucun obstacle, le
riverain d'un seul côté voit ses droits limités par les droits
rivaux d'un coriverain. Si donc, ce dernier emploie les
eaux dont il a le droit de disposer à un usage industriel,
sans porter aucun préjudice au coriverain latéral celui-
ci ne peut s'opposer à cette entreprise. Quant aux
riverains inférieurs, ils n'auront jamais rien à dire si le
coriverain latéral ne se plaint pas, même si l'usinier em-
piétait sur les droits de ce coriverain.

Le riverain d'un seul côté a-t-il le droit d'employe
l'eau courante comme force motrice et d'établir un mou

lin ou une usine sur la rive ? Cette question a paru plus délicate et plusieurs jurisconsultes qui reconnaissent aux riverains d'un seul côté le droit d'user des eaux pour certains usages industriels, lui refusent absolument le droit d'employer l'eau courante comme force motrice. Le système contraire cependant prévalu dans la pratique et avec raison d'après nous. Nous n'hésiterons pas à admettre, malgré les termes de l'article 644, que le riverain d'un seul côté ne puisse se servir des eaux, même pour la mise en action d'une usine.

Remarquons d'abord que, qu'elle que soit l'opinion que l'on admette, la pente du cours d'eau étant *res nullius* soumise à la surveillance administrative, toute usine établie sans autorisation ne saurait avoir d'existence légale à l'encontre de l'administration. Mais est-ce à dire que l'usine établie sans autorisation administrative ne doive être considérée que comme une simple voie de fait dans les rapports privés des riverains entre eux et que l'usinier ne puisse en conséquence réclamer en justice contre les atteintes portées à son établissement ? En d'autres termes l'autorisation administrative est-elle véritablement créatrice d'un droit au profit du riverain d'un seul côté, ou l'administration se borne-t-elle au contraire à régler l'exercice d'un droit préexistant ? Les partisans de la doctrine que nous combattons se fondent sur ce que la pente est chose *nullius* et méconnaissent absolument les pouvoirs de l'administration sur les cours d'eau non-navigables, soutiennent que l'administration, maîtresse de disposer des pentes et des chûtes, fait une véritable *concession* au riverain en l'autorisant à établir une usine, Pour eux, l'autorisation crée le droit, de telle sorte que l'établissement construit sans autorisation n'a absolument aucune existence légale même par rapport aux tiers. Il n'est pour eux qu'une simple voie de fait qui ne peut se légitimer que par la possession de 30 ans. Ils ajoutent d'ailleurs qu'il n'est pas é onnant que le législa'eur n'ait pas accordé au riverain d'un seul côté le droit d'utiliser l'eau courante comme force motrice attendu que l'on ne trouve pas entre l'eau employée comme moteur et l'u-sine ces rapports naturels qui existent entrel'eau consi-dérée comme fluide et les terrains qui la bordent.

Nous avons déjà répondu à ce dernier argument en faisant observer que l'industrie méritait, d'après nous autant de faveur que l'agriculture, et que l'eau courante nous paraissait tout aussi bien destinée à faire mouvoir des usines qu'à arroser des prairies. Au point de vue ju-ridique nous répondrons qu'il est inexact de prétendre que l'administration concède quoi que ce soit sur les petits cours d'eau. Elle ne peut concéder un droit quel-conque que sur les biens dont elle est propriétaire et nous savons que les petits cours d'eau sont choses *nul-lius*. En un mot l'autorisation ne crée pas un droit, elle se borne à régulariser, dans l'intérêt général l'exercice d'un droit proexistant, et qui trouve son fondement dans la loi elle-même. Il ne faut pas oublier, en effet, que l'eau courante est une chose commune, sur laquelle les riverains n'ont d'autres droits que ceux qui leur sont conférés par l'article 644 D'où il résulte que si le riverain d'un seul côté use de l'eau comme force motrice sans faire subir aucun préjudice à ses coriverains, ces derniers, dépourvus d'intérêt n'auront évidemment pas d'action contre lui et qu'il pourra au contraire leur demander en justice, réparation du trouble apporté à l'exercice de son droit. Ce principe a été très nettemet posé par un arrê.[t] de la Cour de cassation de 1850. (Galand, D. 1850, 1, 202) Nous pourrons invoquer encore les termes du deuxième alinéa de l'article 644, qui permet au riverain des deux côtés d'*user* des eaux sans définir limitativement à quelle espèce d'usage il pourra les employer. Nous croyons pouvoir en conclure qu'il peut utiliser, à l'encontre de ses coriverains la pente du cours d'eau et nous ne voyons pas dès lors pourquoi le riverain d'un seul côté ne pourrait pas en faire autant à condition de respecter les droits rivaux du coriverain latéral et les droits des riverains inférieurs,

Nous pensons donc que le législatieur, en paraissant limiter le droit des riverains d'un seul côté au bénéfice de l'irrigation dans le premier alinée de l'article 645 n'a statué que sur le *plermumque fit* et nous ferons remarquer que notre interprétation doit d'autant plus être admise qu'elle permet de favoriser beaucoup le développement de l'industrie et de la richesse publiques.

Droits du riverain

dont le fonds est traversé par le cours d'eau

Les droits de ce riverain sont plus étendus que ceux du propriétaire d'une seule rive ; l'article 644 deuxième alinéa, lui permet, en effet, d'user de l'eau dans l'intervalle qu'elle y parcourt, à la charge de la rendre à son cours naturel à la sortie de ses fonds.

Nous avons déjà donné la raison de cette différence en disant qu'elle repose uniquement sur ce que le riverain d'un seul côté voit son droit limité par le droit rival du propriétaire de la rive opposée, tandis que le riverain des deux côtés n'a jamais à tenir compte d'un droit égal et parallèle au sien.

Les mots : «il pourra en user» impliquent évidemment que ce dernier peut se servir des eaux tant pour l'irrigation que pour l'exercice d'une industrie et même pour son agrément, en se conformant aux règlements administratifs et en respectant évidemment les droits des riverains supérieurs et inférieurs.

Bien que nous ayons étendu dans une large mesure les termes du premier alinéa de l'article 644, la situation du riverain des deux côtés ne reste pas d'offrir de bien plus grands avantages que celle du simple riverain latéral. Ainsi, sans la seule obligation de restituer l'eau à la sortie de son fonds, le riverain des deux côtés pourra déplacer le lit de la rivière et faire serpenter l'eau, à sa volonté, dans toute l'étendue de sa propriété: Nous admettons encore que le riverain aura le droit même en dehors du cas de la loi de 1847, d'appuyer un barrage sur les deux rives ou tout autre ouvrage destiné à faciliter l'exploitation d'une usine ou l'exercice du droit de pêche. En présence des termes de l'article 644, nous devons lui reconnaître encore le droit d'user de toute la quantité d'eau dont il peut avoir besoin non seulement pour l'irrigation mais aussi pour toute autre entreprise domestique ou industrielle.

Est-ce à dire cependant que son droit soit si absolu qu'il ne doive transmettre aux riverains inférieurs que la quantité d'eau qu'il ne lui convient pas de retenir? Un certain nombre d'auteurs et d'arrêts sont favorables à cette opinion. Ils invoquent le texte de l'article 644 qui n'impose au riverain des deux côtés que la seule obligation de rendre l'eau à son cours naturel, et font valoir en outre une sorte de droit de préférence et de priorité acquis aux propriétaires supérieurs par la seule situation de leurs héritages.

On a opposé à ce système les décisions de l'ancienne jurisprudence. Les parlements défendaient, en effet, aux riverains supérieurs d'absorber trop complètement l'eau des rivières au préjudice des inférieurs et prescrivaient, comme l'article 644, la restitution de l'eau à son cours ordinaire au sortir des fiefs, ajoutant: (sans dommage d'autrui) On reproche, en outre, à cette doctrine de méconnaître l'esprit de la loi. La rédaction primitive de l'article 644 portait en effet: peut en user à *sa volonté*, et c'est avec intention que ces mots ont été supprimés. D'ailleurs un tel système rendrait illusoire l'obligation de rendre l'eau à la sortie de son fonds, imposée au riverain supérieur par l'article 644 (*in fine*).

Ce second système est, d'après nous le plus juridique, nous convenons cependant qu'il ut bon de ne pas se montrer trop absolu en pareille matière et qu'il appartiens en somme, au pouvoir règlementaire de tenir compte dans une équitable mesure des droits et besoins de chacun.

Enfin le propriétaire des deux côtés est obligé de rendre l'eau à son cours ordinaire à la sortie de *ses fonds*, c'est-à-dire un point où il cesse d'être propriétaire. Il ne pourrait donc la retenir dans des reservoirs ou étangs. Cette obligation s'impose également au riverain d'un seul côté, mais nous allons voir que ces divers riverains ont encore d'autres obligations communes. Ils sont d'abord tenus de ne causer aucun dommage injuste à leurs convera'ns soit en faisant refluer les eaux par un barrage mal établi, soit en les rendant insalubres, soit en occasionnant des infiltrations malsaines sur les fonds riverains. En l'absence de règlements administratifs les particuliers pourront toujours avoir recours aux articles 1382 Code civil et 645., pour obtenir réparation du préjudice. Les riverains doivent encore se conformer aux règlements établis par l'autorité compétente et nous verrons plus tard qu'ils ne peuvent entreprendre aucune espèce d'ouvrage sur le cours d'eau sans une autorisation de l'administration. Bien plus, au cas où quelque propriétaire subiraient un dommage par l'établissement d'ouvrages autorisés, il n'en aurait pas moins un recours devant les tribunaux judiciaires pour obtenir une indemnité et parfois même la démolition des ouvrages établis sur le cours d'eau. Les riverains sont encore tenus d'après la loi du 14 floréal an XI de supporter les frais de curage du cours d'eau et de recevoir sur leurs fonds les dépots de vase résultant de ce curage mais cette dernière obligation constitue plutôt un avantage qu'un inconvénient et nous avons déjà consideré cette sorte de servitude comme une véritable qualité active du fonds.

Comment les droits conférés aux riverains par l'article 644 peuvent être modifiés.

Ces divers droits peuvent être modifiés de plusieurs manières et d'abord par la convention.

Nous supposons d'ailleurs que la convention ne porte aucune atteinte ni aux règlements administratifs existan's ni aux droits respectifs des coriverains. Dans ces conditions il nous paraît impossible de contester qu'elle n'ait force de loi entre les cocontractants et leurs héritiers ou ayant cause.

On a cependant essayé de repousser ce principe en objectant qu'il s'agit ici d'une servitude, et qu'un tel droit ne peut être déplacé par la convention.

Nous pourrions faire valoir en faveur de notre opinion l'article 1er de la loi de 1815 qui rentre parfaitement dans notre système. Nous pourrions encore faire observer, qu'au point de vue économique la doctrine que nous soutenons est de beaucoup la plus avantageuse. Mais, même au point de vue strictement juridique, l'argument que l'on nous oppose est sans valeur.

Il n'est pas vrai, en effet, que les droits d'usage conférés aux riverains par l'article 644 soient de véritables servitudes. Sans reproduire ici l'importante discussion qui a été soulevée à cet égard, nous nous bornerons à rappeler que la servitude est une restriction ; l'idée de servitude réveille l'idée de dérogation à la règle générale, diminution de droit pour un fonds, augmentation correspondante pour un autre. Dès lors on ne peut voir de servitude là où la restriction n'est autre chose que la règle de droit commun. Le droit de propriété n'existe pas, en effet, avec l'absolutisme qu'on lui prête, l'article 544 l'assujetit à certaines restrictions imposées à tous, restrictions qui constituent la règle générale et sont de l'essence même du droit de propriété qui n'existerait pas sans elles. La liberté pour les fonds n'existerait pas plus que la liberté pour les hommes, si elle n'était limitée par la loi. Ce serait la licence, le régime de la force, on peut donc dire que la liberté est dans la restriction, mais, à une condition c'est que la restriction soit réciproque, et c'est précisément ce qui se passe dans notre hypothèse. Les restrictions imposées par la loi au riverain d'un cours d'eau sont imposées à tous les riverains, nous ne voyons là ni fonds servant ni fonds dominant il n'y a pas d'assujetissement d'une propriété déterminée à une autre propriété également déterminée, tous les fonds sont égaux, ils subissent tous une diminution, mais cette diminution est la règle générale.

Ainsi l'article 644, en règlementant l'usage de l'eau courante établit, non pas une servitude mais une véritable faculté légale, un attribut de la propriété riveraine susceptible d'être modifié par convention comme le droit de propriété. Une telle convention, obligatoire entre les cocontractants s'impose aussi à tous leurs coriverains, mais il s'agit de bien s'entendre sur ce point, la convention ne leur est apposable que dans la mesure des droits dont pouvait disposer le cédant et en tant qu'elle ne restreint pas les avantages et les droits qu'ils tiennent eux-mêmes de la loi.

De l'aliénabilité par convention des droits conférés aux riverains par l'article 644, nous sommes tout naturellement amenés à conclure à la possibilité de transmission de ces droits par la prescription.

Nous venons de reconnaitre cependant que ces droits constituent de véritables facultés légales au profit des riverains, ils rentrent dès lors, semble-t-ils dans la catégorie de ces biens qui ne peuvent fonder ni possession ni prescription (art. 2232).

Ainsi un propriétaire, qui par caprice ou par intérêt, aurait renoncé pendant 50 ans, par exemple, à utiliser

l'eau courante et aurait maintenu sa terre riveraine en
labour pourrait parfaitement, au bout de ce temps, la
transformer en praiire sans que les autres riverains
eussent rien à dire. Même dans le cas où, pendant sa
longue abstention, ils auraient attiré toute l'eau sur
leurs héritages. Et il importerait encore fort peu que
les coriverains eussent établi des barrages ou autres travaux pour s'assurer la jouissance entière et exclusive de
l'eau si ces ouvrages ne devaient pas avoir pour effet
de rendre désormais impossible l'exercice du droit d'irrigation que le riverain n'a pas exercé jusque là.
Ainsi, en un mot, la simple inaction d'un riverain, ne
saurait lui faire perdre ses droits. L'article 614 établit
à son profit une faculté qu'il ne perd pas par le non
usage. Ce n'est pas à dire pour cela, cependant, que ce
droit ne puisse être l'objet d'une prescription acquisitive,
mais il faudra quelque chose de plus que le non usage
de la part du riverain pour que celui-ci perde son droit
par la prescription, il faudra qu'à cette inaction se joi-
gne une contradiction formelle de la part du coriverain,
contradiction suffisante pour mettre le titulaire du droit
dans la nécessité de le faire valoir et qui jointe an non
usage pendant trente ans amènera la perte définitive du
droit.

Dans ce cas, en effet, le riverain aura perdu son libre
arbitre, sa possession de liberté se trouvera intervertie
au profit du coriverain qui, manifestant nettement l'intention de s'opposer à l'exercice du droit qui appartient

à son voisin, aura vu celui-ci acquieseur à cette volonté par l'inaction et le silence dans lequel il est resté pendant 30 ans.

La contradiction nous paraîtra suffisante toutes les fois qu'elle résu'tera de travaux permanents manifestant nettement l'intent'on de celni qui les aura faits et rendant impossible l'exercice des droits du riverain qui reste dans l'inaction. Si l'on peut en effet acquérir par de semblables travaux le droit à l'eau d'une source contre le propriétaire de cette source (art. 642). On doit admettre a *forsiori* une prescription analogue à l'encontre do celui qui n'a pas même un droit de propriété, mais seulement un simple droit d'usage (cassat. 20 fév. 1844. Précum. D 44. 4. 779.)

Dans cette hypothèse nous avons une contradiction de fait constante et qui se perpétue, mais certains vont plus loin et soutiennent que l'interverion de liberté peut résulter d'une simple défense faite à un riverain par son voisin et devant laquelle le premier s'arrêterait pendant 30 ans sans protester.

Sans doute, dans ce cas, l'intention de faire obstacle à l'exercice du droit d'irrigation est clairement manifestée de la part du voisin, mais le simple non usage de la part du riverain auquel la defense est adressée ne nous paraît pas constituer un acquiessement peremptoire à cette défense, l'abstention de celui dont le droit est contredit peut-être due à d'autres causes, il peut avoir été guidé par d'autres considérations et nous pen-

sons que les magistrats devraient se montrer très rigoureux en pareille matière.

Si, comme nous venons de le voir, la prescription
peut s'accomplir au profit d'un riverain, il faut admettre qu'elle peut aussi avoir lieu au profit d'un propriétaire non riverain, cette conséquence est d'ailleurs
commandée par la loi de 1845 qui consacre implicitement le droit, pour les non riverains, de devenir ces-
sionnaires de la faculté d'irrigation et nous avons déjà
vu que l'on peut conclure de la transmissibilité du droit
par convention à son aliénabilité par la prescription.

Reste enfin à rechercher, à propos de la prescription,
si elle peut se produire à l'émenter d'un règlement
administratif. Nous le pensons car il nous parait impossible de contester que les riverains ne puissent modifier
entre eux, par convention à condition de ne porter aucune atteinte ni aux droits des tiers ni à l'intérêt général ; la répartition faite par un règlement administratif.
Dès lors invoquant le principe que là ou s'applique la
convention s'applique aussi la prescription avec le même
effet, nous en concluons tout naturellement que l'on peut
prescrire une jouissance contraire aux règlements administratifs, sous les réserves faites dans l'intérêt du tiers
et dans l'intérêt général. Il faut aussi, évidemment, que
les actes qui fondaient cette prescription offrent tous les
caractères de certitude dont nous avons parlé.

Enfin les droits des riverains peuvent être modifiés
par la destination du père de famille, soit expressément

par une clause insérés dans un acte de partage ou d'aliénation, soit tacitement par un signe matériel et apparent
du maintien de l'état de choses antérieures. Nous n'insisterons pas sur ce point car il s'agit toujours, en pareil
cas, d'une question de fait, question d'interprétation de
l'acte de partage ou d'aliénation. Nous nous bornerons
à rappeler que ces actes réservant toujours le droit du
bien et ne peuvent jamais les avantager ni leur nuire.

De la compétence des tribunaux judiciaires en matière d'irrigations.

(Art 645 Code civil)

Après avoir précisé les droits et obligations des riverains d'un cours d'eau non navigable ni flottable ils nous
reste à indiquer quelle est l'autorité qui en a la garde et
par quels moyens elle peut les sanctionner.

Le législateur pouvait bien attribuer aux riverains
certains droits sur les rivières non navigables, mais il ne
pouvait, a *priori*, opérer entre eux la répartition des
eaux et procéder à un partage qui ne doit s'effectuer
qu'en tenant compte de circonstances nombreuses et
variées. D'autre part l'indivision étant la source de luttes et de querelles sans fin, le législateur devait avoir à
cœur de la faire cesser entre les riverains, il était urgent
de placer au dessus de tous les intérêts privés un pouvoir supérieur qui pût attribuer à chacun ce qui lui est
dû et organiser en pratique, tant dans l'intérêt privé des

riverains que dans l'intérêt général, la concession des divers droits que nous avons étudiés.

L'organisation pratique de ces droits a été confiée à une double autorité. L'autorité administrative qui intervient exclusivement dans l'intérêt général et se trouve investie à cet effet d'une mission de surveillance et de police tendant à assurer la salubrité publique et le développement de la richesse générale. Nous étudierons plus loin les lois qui sont le fondement du droit de l'administration et les attributions de ce pouvoir.

L'autorité judiciaire dont la compétence est consacré par l'article 645 (Code civil).

Ces deux pouvoirs ont des attributions bien distinctes que nous pouvons caractériser en disant que l'administration intervient exclusivement dans l'intérêt général, ses actes sont des actes de gouvernement, tandis que l'autorité judiciaire n'intervient, au contraire, que dans les contestations des riverains sur leurs intérêts privés, sa compétence est restreinte aux seuls cas où des intérêts privés sont en jeu.

L'article 645, qui donne compétence aux tribunaux judiciaires est ainsi conçu : « S'il s'élève une contestation entre les propriétaires auxquels ces eaux peuvent être utiles les tribunaux, en prononçant, devront concilier l'intérêt de l'agriculture avec le respect dû à la propriété et, dans tous les cas, les règlements particuliers sur le cours et l'usage des eaux doivent être observés. »

Remarquons tout d'abord que les compétences de l'autorité judiciaire n'a rien d'anormal ou d'exceptionnel et qu'il ne s'agit nullement, pour les juges, de prononcer par voie de disposition générale ou règlementaire comme pourrait le laisser supposer le mot *règlement* généralement appliqué au partage de jouissance fait par un tribunal. L'attribution de juridiction faite aux tribunaux civils n'est qu'une application pure et simple du droit commun. Il ne faut pas oublier en effet, que l'usage des eaux courantes constitue pour les riverains une véritable faculté légale un véritable droit réel, une qualité active de leur fonds. Dès lors, les juges civils saisies d'une demande ayant trait à l'existence, à l'étendue ou à l'exercice de ces divers droits se trouvent tout naturellement compétents pour en connaître puisqu'il s'agit ici d'un débat privé, et que nous sopposons d'ailleurs que ce débat n'engage aucune question de police des eaux. En un mot, nous nous trouvons ici en présence de cousagers d'une chose indivise, et toutes les fois qu'il y a lieu de procéder au partage de la jouissauce d'une chose indivise. c'est aux tribunaux judiciaire que le droit commun donne compétence

Il en résulte que les magistrats civils, saisis d'une demande de la nature de celles que nous avons indiquées, ne pourraient refuser de dire droit aux parties.

Nous pouvons conclure encore du principe ; ce posé que les tribunaux judiciaires ne peuvent jamais statuer d'office et sans être saisis par un riverain. Ceci résulte

d'ailleurs très nettement des termes de l'article 645.
« S'il s'élève une *contestation* entre les propriétaires etc.
Le mot *contestation* indique évidemment qu'en cette matière comme en toute autre, les tribunaux ne peuvent
statuer que lorsqu'ils y sont provoqués par les parties
intéressées, et, dans ce cas, ils sont tenus de régler entre
elles le mode de jouissance, c'est le seul moyen de
mettre un terme au débat.

C'est le plus souvent à propos d'une contestation que
les tribunaux judiciaires sont saisis, lorsque, par exemple, l'un quelconque des riverains a consommé ou seulement tenté une entreprise quelconque, préjudiciable
aux intérêts de l'autre, mais il peut se faire aussi qu'en
dehors de toute entreprise et de toute contestation véritable, les tribunaux soient saisis par deux ou plusieurs
riverains, d'une demande en règlement d'eau
il intervient alors un véritable partage judiciaire
de jouissance. Comme nous l'avons dit, les tribunaux ne pourraient se refuser à statuer, même dans cette
hypothèse, sous prétexte que le volume d'eau n'est pas
connu ou que les divers ayant droit ne seraient pas en
cause. Ils ont le droit d'ordonner toutes les mesures
d'instruction nécessaires pour arriver à régler la situation des parties en cause sans se préoccuper des riverains
qui ne sont pas dans l'instance, mais dans le cas où ces
derniers restent étrangers à leurs droits, ne pouvant
être atteints par la décision du tribunal.

Si nous passons à l'étude des règles imposées aux magistrats par l'article 645 dans la répartition des eaux, nous voyons que *dans tous les cas, les règlements particuliers et locaux sur le cours et l'usage des eaux, doivent être observés.* Donc, avant d'établir, de créer un mode de jouissance quelconque, les magistrats doivent s'assurer qu'il n'existe aucun règlement particulier ou local, et si ce règlement existe, ils doivent se borner à reconnaître les droits respectifs, tels qu'ils sont déjà réglés.

Les règlements particuliers ne sont autre chose, en effet, que les arrangements établis par les riverains entr'eux et qui doivent avoir force de loi pour tous ceux qui ont été parties au contrat puisque nous avons déjà reconnu que les riverains, sous la réserve des droits des tiers et de l'administration, pouvaient disposer pleinement de leurs droits d'usage sur les eaux. Les tribunaux devront également sanctionner tous les droits privés résultant valablement de la prescription ou de la destination du père de famille.

Quant aux règlements locaux, ce sont les règlements anciens ou nouveaux concernant tout ou partie du cours d'eau et émanés de l'autorité chargée de la surveillance et de la police de cette rivière. Les juges doivent dans tous les cas, les faire appliquer, et, s'il s'élève quelques difficultés sur leur interprétation, renvoyer les parties devant l'administration. Nous n'hésiterons pas à assimiler aux règlements locaux les anciens usages, pourvu qu'ils soient constants. On présume en ce cas l'existence du règlement.

S'il n'existe aucun réglement ni privé ni public, l'article 645 accorde aux tribunaux un véritable pouvoir discrétionnaire, ils doivent statuer ex æquo et bono et opérer une division aussi équitable que possible des avantages des cours d'eau entre les divers intéressés aeu tenant compte surtout des besoins de chacun, des genres de culture, de l'étendue des fonds, etc. Il n'y a là aucune règle fixe, le législateur, confiant en la sagesse des tribunaux, les a laissés libres de régler, comme ils l'entendent, la mode de jouissance des riverains.

La seule règle que le législateur semble poser est celle par laquelle il recommande aux tribunaux de concilier l'intérêt de l'agriculture avec celui de la propriété, mais c'est une règle bien vague qui constitue plutôt un conseil qu'un ordre véritable.

Notons cependant en terminant, que le pouvoir conféré aux tribunaux judiciaires par l'article 645, quoiqu'étant en somme un véritable pouvoir discrétionnaire, est soumis à certaines limites, c'est ainsi que les juges sont évidemment tenus, dans les partages qu'ils établissent, de prendre pour règle les droits respectifs que les riverains tiennent de la loi.

On s'est demandé si les riverains d'un cours d'eau pouvaient aussi être admis à faire regler judiciairement l'usage des eaux à l'encontre des propriétaires riverains d'un affluent qui alimente le cours d'eau. La cour de cassation a admis l'affirmative. (Cass. 3 déc. 1845. Lefranc 1846 p. 211. Nous n'hésitons pas à partage

cette opinion, car s'il était impossible d'imposer une ré-
glementation aux riverains des affluents, les droits d'u-
sage des riverains du cours d'eau principal, pourraient,
dans bien des cas, être à peu près annihilés par les
entreprises nuisibles des premiers.

Examen sommaire
des lois des 29 avril 1845 et 11 juillet 1847.

Sur les irrigations et les droits d'appui.

Nous avons étudié les dispositions du Code civil sur
le régime des eaux.. Ces dispositions étaient sur plusieurs points incomplètes et insuffisantes, surtout en ce
qui concerne les irrigations et bon nombre de nations
voisines   parmi celles qui nous avaient emprunté
nos Codes, nous avaient devancés dans la voie des améliorations. Beaucoup de jurisconsultes et de publicistes
s'étaient émus de cette situation, et, pour que la France
ne tombât pas. sur ce point, dans un état d'infériorité
trop grand vis à vis des autres pays, ils demandaient
instamment des réformes de plus en plus nécessaires
afin d'augmenter le plus possible les forces productives
de notre sol.

C'est à la suite et sous l'influence de ce mouvement
d'opinion que parurent successivement, dans le but de
faciliter les irrigations, les deux lois du 29 avril 1845
et 11 juillet 1847. Plus tard intervint, en 1854, une
troisième loi sur le libre écoulement des eaux par le drai-

nage, mais, comme nous n'avons en vue en ce moment que les irrigations, nous laisserons de côté cette dernière loi.

Loi du 29 avril 1845
Servitude d'acquedue

L'article 640 du code civil qui n'oblige le propriétaire inférieur à recevoir les eaux que lorsqu'elles s'écoulent naturellement du fonds supérieur, constituait un obstacle considérable au progrès des irrigations. Il était en effet impossible, sans l'empire de cet article, de traverser un fonds intermédiaire, sans le consentement du propriétaire de ce fonds, et, dès lors, d'ouvrir aucune espèce de canaux d'arrosage ou d'écoulement.

La loi de 1845 (29 avril) est venue remédier à cette situation. Cette loi a un double objet.

Elle autorise d'abord, (art. 1 et 2), l'établissement d'une servitude de passage, servitude légale pour les eaux destinées à l'irrigation des propriétés qui ne pouvaient prétendre à un bénéfice en vertu de la législation antérieure.

Elle étend ensuite cette faculté pour les eaux dérivées d'un terrain submergé. Cette seconde servitude est seulement destinée à faciliter l'écoulement des eaux nuisibles et ne se rattache, dès lors, qu'indirectement au sujet des irrigations que nous étudions en ce moment.

Nous insisterons donc surtout sur la servitude d'acqueduc pour les eaux d'irrigation réglementées par les articles 1 et 2 de la loi de 1845, ainsi conçus :

Tout propriétaire qui voudra se servir pour l'irrigation de ses propriétés des eaux naturelles ou artificielles dont il a le droit de disposer pourra obtenir le passage de ces eaux sur les fonds intermédiaires à la charge d'une juste et préalable indemnité sont exceptés de cette servitude, les maisons, cours, jardins, parcs et enclos attenant aux habitations.

Il est à remarquer que la servitude établie par la loi de 1845, est en quelque sorte double. Elle frappe d'abord les fonds intermédiaires à travers lesquels on conduit l'eau pour faire bénéficier de l'irrigation des fonds qui en étaient privés ; et elle atteint en second lieu les fonds inférieurs sur lesquels les eaux s'écouleront après l'arrosement.

La loi elle-même qualifiant de *servitude* la charge qu'elle impose aux fonds intermédiaires, il s'en suit que le propriétaire qui a besoin du passage des eaux, ne pourra jamais prétendre à l'expropriation des terrains nécessaires à l'établissement d'un acqueduc. M. D'Angeville qui avait pris l'initiative de la proposition de loi, admettait dans son projet l'expropriation forcée des terrains nécessaires à la conduite des eaux, mais cette disposition fut repoussée par la Commission pour ce motif que le droit d'expropriation ne doit appartenir qu'à la puissance publique. La servitude constitue d'ailleurs une atteinte assez grave au droit de propriété, atteinte que justifie, il est vrai, l'intérêt de l'agriculture, mais qu'il est bon de restreindre le plus possible et dans la limite la plus stricte. C'est pour ce motif que le légis_lateur n'a permis que l'établissement d'une servitude et qu'il en a soumis l'application au pouvoir discrétionnaire des tribunaux, libres de l'accorder ou de le refuser suivant les circonstances.

Nous nous trouvons donc ici en présence d'une servitude légale, puisqu'elle a été établie par la loi de 1845 et n'existait pas avant cette loi. On l'a quelquefois comparée à la servitude de passage pour cause d'enclave établie par l'article 682 Code civil, nous reconnaitrons sans doute que l'on peut opérer certains rapprochements fort justes entre ces deux servitudes, mais il y a cependant entr'elles une différence marquée qui résulte d'ailleurs très nettement des termes mêmes de la loi. En effet, tandis que le propriétaire enclavé *peut réclamer* d'après l'article 682. le propriétarequi veut user des eaux pour l'irrigation, pourra obtenir dit tout simplement l'article premier de la loi de 1845 Ainsi l'article 682 consacre un droit que les tribunaux doivent admettre dès que l'enclave est établie. L'article premier de la loi de 1845 leur laisse, au contraire, un large pouvoir d'appréciation. Ils verront si la demande est fondée sur un intérêt sérieux, si les inconvénients qui vont résulter de la servitude n'en compensent pas et au-delà les avantages, et pourront, suivant les cas, accorder ou refuser le droit de passage.

C'est au *propriétaire* et au propriétaire seul, qu'appartient le droit de demander le passage sur les fonds intermédiaires pour dériver les eaux sur ses fonds ; l'article premier le dit expressément.

Remarquons ensuite que c'est seulement pour l'*irrigation* que l'article premier réserve l'application de la servitude. C'est seulement dans l'intérêt de l'agriculture que le législateur a permis une atteinte aussi grave au droit de propriété et il en résulte que le passage ne peut jamais être accordé pour le fonctionnement d'un moulin ou d'une usine ou pour aucun autre ouvrage d'utilité privée ou d'agrément. Cependant, en supposant que les eaux aient été conduites à travers un fonds intermédiaire pour servir à l'irrigation, et tant qu'il n'en résultera aucune agravation de charges pour les fonds servants, nous admettrons que ces eaux pourront être employées à un usage accessoire sur le fonds même de celui qui exerce la servitude. Le bénéfice de la loi s'étend enfin à tous les héritages, quel que soit le mode d'exploitation. Il suffit qu'ils puissent retirer un avantage quelconque de l'irrigation. De même, en principe, la servitude s'applique passivement à tous les fonds, sauf les exceptions énumérées dans la loi. Nous y ajouterons les biens du domaine public, rentes, places publiques, etc. En ce cas l'administration seule peut autoriser le passage, sa concession est révocable et elle seule a le droit d'en déterminer les conditions.

La loi de 1845, n'a fait aucune distinction quant à la

provenance des eaux à utiliser pour l'irrigation. Qu'il
s'agisse d'eaux vives ou mortes, stagnantes ou courantes,
pluviales ou provenant de sources, peu importe, on
pourra toujours obtenir la servitude de passage.

Il suffit pour cela que celui qui réclame la servitude
ait le droit de disposer des eaux, mais le législateur,
très timide dans son innovation, proteste à chaque ins-
tant contre l'intention qu'on pourrait lui prêter d'avoir
voulu porter atteinte aux règles du droit civil sur le
régime des eaux, nous citerons à titre d'exemple ces ex-
pressions du rapport de M. Dalloz. « La commision a
commencé par poser ce principe que son travail n'aurait
pour objet que la servitude légale d'aqueduc, sans toucher en aucune manière à la législation existante sur la
propriété l'usage et le partage des eaux entre les riverains. »

Il faut voir cependant, si, malgré leur intention de
ne rien changer aux principes posés par le Code civil
sur le régime des eaux, les législateurs de 1845, n'y
ont pas en fait et en quelque sorte contre leur gré, apporté quelques modifications.

Il suffit, dit la loi de 1845, article premier, qu'on ait
le droit de *disposer* de l'eau de quelque manière d'ailleurs
qu'on l'ait acquise, pour que l'on puisse obtenir la servitude; or, ce pouvoir de disposer des eaux peut procéder soit d'un droit de propriété, soit d'une concession,
soit même d'un droit d'usage, le rapporteur de la loi de
1845, le dit formellement.

Dans le premier cas, pas de difficulté. Il n'est pas douteux, en effet, qu'on ne puisse disposer des eaux dont on est propriétaire, eaux de sources, de lacs, d'étangs et mêmes eaux pluviales dont on est devenu propriétaire par droit d'occupation. Ces eaux peuvent donc faire l'objet d'une servitude d'aqueduc.

La question ne présente pas plus de difficulté pour les eaux dont on est concessionnaires soit que la concession ait été faite par l'administration sur un fleuve du domaine public, soit qu'il s'agisse d'une concession de prise d'eau faite par un propriétaire sur un canal ou un étang privés.

Mais la question devient plus délicate si le particulier qui prétend à la servitude n'a sur les eaux qu'un simple droit d'usage comme riverain d'un cours d'eau non navigable ni flottable. En concluant au droit, pour ce riverain, d'étendre à ses terres non riveraines le bénéfice de l'irrigation et, en nous décidant pour la validité de la validité de la cession qu'il ferait de ses droits à un propriétaire non riverain, nous avons déjà résolu la question dans un sens favorable à sa prétention et décidé implicitement que le simple usager des eaux peut aussi réclamer le passage sur les fonds intermédiaires. Nous avons, en effet, décidé qu'il pourrait *disposer* des eaux dont il a l'usage au profit de fonds non riverains il se trouve donc placé dans les termes de la loi de 1845. Mais si le droit de disposition que nous lui avons reconnu même sous l'empire du Code pouvait être douteux à cette époque, il ne l'est plus de par la loi de 1845, qui a implicitement résolu la question dans le sens que nous venons d'indiquer, quelles que soient les réserves de la commission et du rapporteur, tendant à maintenir intacts les droits réglés par le Code civil.

Il est impossible d'admettre, en effet, que le législateur de 1845, qui n'avait qu'un but, propager l'irrigation, n'ait pas songé au cas d'application le plus fréquent, à l'emploi des eaux de rivières non navigables pour l'arrosage. C'est évidemment de ce cas surtout qu'il s'est occupé et ce qui le prouve bien c'est le rejet de la proposition faite au cours de la discussion, proposition tendant à substituer les mots *dont il a la propriété* aux mots *dont il a le droit de disposer*. Le législateur s'est donc forcément occupé et en première ligne du riverain des petits cours d'eau, et on ne saurait dès lors soutenir qu'il s'est occupé de lui pour ne rien lui accorder. On a beau répéter que le législateur de 1845 a formellement déclaré qu'il entendait ne rien changer aux lois existantes, nous nous contenterons de répondre qu'il ne s'agit là que d'opinions personnelles qui sont évidemment en opposition avec le texte et avec l'esprit de la loi. Il est bien entendu d'ailleurs que le riverain ne peut transmettre à ses héritages ou céder que la portion des eaux dont les besoins ou les règlements administratifs lui permettent de disposer.

Il est donc bien certain, au moins depuis la loi de 1845, que le riverain d'un cours d'eau non navigable peut disposer de l'eau pour ses héritages non riverains, nous en concluons dès lors qu'il peut demander l'éta-

blissement de la servitude d'aqueduc sur les fonds intermédiaires.

Le propriétaire non riverain, cessionnaire du droit
aux eaux d'irrigation, qui appartenait à un riverain,
peut-il demander la servitude de passage sur les fonds
intermédiaires ? Cette question délicate a été soulevée à
la Chambre des députés lors de la discussion de la loi
du 11 juillet 1847. Mais, la discussion fut très confuse
et il n'en résulta aucun principe nettement posé. Aussi
la jurisprudence et la daction sont-elles fort divisées sur
ce point. Après avoir admis la validité de la cession des
droits d'usage d'un riverain à un non riverain, nous
n'hésitons pas à admettre que le dernier ne puisse aussi
demander un passage pour les eaux sur les fonds intermédiaires. Le cessionnaire doit avoir, en effet, les mêmes
droits que le cédant en tant qu'il n'en résulte aucune
aggravation de servitude. De plus, le texte même de la
loi est favorable à cette opinion. Il porte en effet :
« Tout propriétaire qui voudra se servir etc., mais il
n'exige nulle part la qualité de riverain. » Remarquons
enfin, que cette loi, si on en restreignait le bénéfice aux
riverains propriétaires d'autres fonds plus éloignés, ne
serait que bien rarement applicable et ne rendrait pas à
l'agriculture les services attendus par le législateur.

Le propriétaire non riverain, concessionnaire d'une
prise d'eau sur une rivière navigable, peut-il invoquer la
loi de 1845 pour obtenir le passage pour les eaux sur les
fonds qui séparent sa propriété du fleuve ?

L'affirmation a été soutenue et l'on pourrait dire en effet qu'il s'agit là d'un propriétaire ayant le droit de *disposer* des eaux et pouvant dès lors se prévaloir de l'article 2 de la loi de 1845. On pourrait invoquer encore l'intérêt de l'agriculture. En somme, si la loi était à faire, c'est l'affirmative qui devrait être, d'après nous, législativement consacrée. Mais en l'état de la législation actuelle nous croyons devoir adopter la solution contraire et refuser le droit de passage au propriétaire non riverain. Il s'agit en effet, d'imposer ici, au fond riverain une double servitude, servitude de passage en vertu de la loi de 1845, et de plus une servitude de prise d'eau. Mais il faut un barrage pour exercer utilement le droit de prise d'eau. Or la loi de 1847 qui s'applique aussi bien aux cours d'eau navigables qu'aux autres, décide que les barrages ne pourront être appuyés que sur la propriété du riverain opposé. Pour établir le barrage et lever l'eau il faut donc être soi-même riverain opposé ou être aux droits de ce riverain par suite d'une concession émanant de sa libre volonté. Le texte de la loi de 1847 repousse donc l'établissement de la servitude additionnelle de prise d'eau. Et l'esprit de la loi non moins que son texte s'oppose à l'établissement de cette servitude ; c'est ce qui ressort avec la dernière évidence de la discussion de la loi de 1847. La question qui nous occupe fut celle qui souleva les réclamations les plus vives au sein des chambres législatives réclamations fondées sur la crainte que l'administration ne put concéler trop facilement des prises d'eau aux non riverains au préjudice des riverains. Il faut donc, pour que le non riverain puisse exercer la servitude établie par la loi de 1845, que le riverain lui ait cédé lui-même le droit de prise d'eau sur son fonds.

La concession de la servitude d'aqueduc entraîne évidemment la concession de toutes les facultés accessoires telles que droit du passage sur les fonds intermédiaires, et au bord du canal, pour procéder aux réparations, au curage etc.

Pour le fond servant la servitude est absolument passive en ce sens que le propriétaire de ce fond n'aurait pas le droit d'utiliser les eaux à leur passage pour un usage accessoire ou d'en dériver la plus faible partie pour l'irrigation ou tout autre usage Quelques conseils généraux avaient émis le vœu que cette faveur lui fût accordée, mais cette proposition fut repoussée de peur qu'une faculté de ce genre ne fît naître un trop grand nombre de contestations entre les divers intéressés.

Enfin aux termes de l'article premier de la loi de 145, la servitude n'est accordée qu'à charge d'une juste et préalable indemnité. Les tribunaux auront donc à apprécier le préjudice causé sans s'occuper d'ailleurs du bénéfice que retirera le fond dominant de l'établissement de la servitude. L'indemnité devra être proportionnée par eux à ce seul préjudice, et devra de plus être liquidée et payée avant le commencement des travaux.

D'après l'article 2 de la loi de 1845 les propriétaires inférieurs devront recevoir les eaux qui s'écoulent après l'arrosage, sauf l'indemnité qui pourra leur être due.

Y a-t-il là une nouvelle servitude d'une autre nature que la servitude de passage, ou ne devons nous voir dans cette charge, imposées aux fonds inférieurs qu'une portion de la servitude d'aqueduc? Nous pensons qu'il n'y a là qu'une seule et même servitude, servitude légale dont l'établissement est dans tous les cas subordonné à l'approbation du juge. Certains auteurs cependant soutiennent l'existence de deux charges distinctes, la servitude d'aqueduc et la servitude d'écoulement : ils ajoutent que cette dernière existe de plein droit, et que les juges interviennent seulement pour la réglementer. Cette servitude ne serait dès lors qu'une extension de la servitude naturelle établie par l'art. 640 Code civil et la conséquence de cette doctrine et que les fonds qui doivent subir l'écoulement des eaux, sont ceux vers lesquels la pente naturelle du fonds dominans les entraineaprès l'arrosement.

Pour nous, la servitude d'aqueduc et celle d'écoulement, ne constituent pas deux servitudes distinctes mais, bien plutôt deux phases d'une seule et même servitude. Il fallait bien, en effet, que la loi qui permet au propriétaire d'amener les eaux sur son fonds lui permit aussi et lui donnat le moyen de faire ensuite écouler ces eaux. La servitude d'écoulement n'existe pas, sans la servitude d'aqueduc et ce sont précisement les conséquences trop graves de la création de cette servitude d'écoule-

ment, accessoire forcé de la précédente, qui font que les
juges pourront dans certaines circonstances hésiter à accorder et même refuser la servitude de passage, en présence d'un dommage certain pour les fonds inférieurs
dommage que ne compenseraient point les avantages de
l'irrigation. Ainsi les juges no se bornent pas à réglementer, ils créent véritablement la servitude d'écoulement en même temps que la servitude d'aqueduc. En un
mot, la servitude d'écoulement n'existe pas de plein
droit en vertu de l'article 640. Il en résulte que les tribunaux pourront, en vertu de l'article 4 de la loi de 1845,
fixer le parcours des eaux qui ont servi à l'irrigation,
sans avoir égard à la pente naturelle. Il arrivera même
presque toujours qu'ils seront forcés de grever de la servitude d'autres fonds que ceux auxquels elle incomberait
d'après l'article 640, lorsqu'il s'agira d'assurer l'écoulement des eaux dérivées, pour l'irrigation, d'une rivière
nonnavigable. Les riverains de ces cours d'eau sont en effet
tenus dans tous les cas, de rendre les eaux à leur cours
ordinaire à la sortie de leurs fonds et il faudra absolument
tenir compte de cette obligation rigoureusement imposée
par l'article 644. En dehors de ce cas les tribunaux peuvent encore ordonner que les eaux s'écouleront dans un
autre direction que celle que leur donne la pente naturelle des terrains arrosés dans d'autres circonstances et
pour d'autres motifs tels par exemple, que la trop grande
élévation du prix des terrains à traverser ou les difficulté
considérables d'exécution des travaux.

L'article 2 de la loi de 1845 impose aux propriétaires inférieurs la servitude d'écoulement sauf l'indemnité qui *pourra lui être due.*

Ainsi l'indemnité n'est pas dans tous les cas obligatoire ; il peut se faire, en effet, que l'écoulement des eaux d'irrigations constitue, pour les propriétaires qui le subissent, plutôt un avantage qu'un inconvénient, les tribunaux auront donc à examiner suivant les circonstances, s'ils doivent ou non accorder une indemnité.

En présence des termes de l'article 2 certains prétendent qu'on ne peut guère soutenir qu'il y ait toujours lieu à indemnité pour les propriétaires des fonds servants. Il peut se faire, dit-on, que le dommage soit parfois si peu important qu'il ne donne pas lieu à réparation. Et l'on cite à l'appui de cette doctrine l'opinion du rapporteur (monit. 30 juin 1845.) Nous pensons cependant qu'il y a une distinction à faire entre les propriétaires des fonds qui subissent la servitude d'aqueduc et de ceux auxquels est imposée la servitude d'écoulement.

Pour ces derniers, les termes de la loi sont suffisamment explicites et comme il n'y a d'ailleurs aucun inconvénient à ce qu'ils utilisent les eaux à leur passage, lorsqu'ils le peuvent, on comprend très bien que les juges puissent leur refuser une indemnité. Mais ces raisons n'existent pas à l'encontre des premiers. D'une part, en effet, les mots : *pourra être due* ne se retrouvant pas dans l'article premier de la loi de 1845, d'autre part, nous avons vu que les propriétaires qui subissent la servitude d'aqueduc, n'ont jamais le droit d'user des eaux à leur passage ; tout au plus devons-nous leur reconnaître l'usage des eaux pour l'exercice de certaines facultés naturelles. Nous nous trouvons donc en présence d'une atteinte grave portée au droit de propriété, qui, à notre avis, et même si l'on ne constate au moment où la servitude est établie, aucun préjudice sensible pour le propriétaire des fonds servant, suffit pour justifier une indemnité dans tous les cas.

Nous n'insisterons pas davantage sur l'article 2 : Toutes les observations que nous avons faites à propos de l'article premier s'appliquent, également à l'interprétation de l'article 2.

Nous ne dirons qu'un mot également de la servitude d'écoulement des eaux nuisibles qui se trouve étrangère à la matière des irrigations.

Elle est établie par l'article 3 de la loi de 1845, ainsi conçu : La même faculté de passage est accordée au propriétaire d'un terrain submergé en tout ou en partie à l'effet de procurer aux eaux nuisibles leur écoulement. »

Cet article ne se trouvait pas dans le projet originaire de la loi, il fut inséré au cours de la discussion.

La même faculté, dit l'article, est accordée aux propriétaires des terrains submergés pour l'écoulement des eaux nuisibles. Il s'agit ici de la faculté de diriger les eaux par des travaux quelconques dans le lieu où elles doivent se perdre ; et l'article ne distingue pas entre les eaux nuisibles ; il n'établit pas de catégories ; qu'elles proviennent d'une cause naturelle ou du fait purement volontaire d'un tiers, qu'il s'agisse d'eaux corrompues ou non corrompues, les propriétaires d'un terrain submergé pourront toujours obtenir le passage. Il ne faudrait pas cependant que cette servitude devint srop onéreuse pour les fonds servants et il y aurait lieu de demander dans ce cas au pouvoir discrétionnaire des tribunaux un remède efficace contre les abus.

Bien que l'article 3 soit muet sur la question, il n'est pas douteux que l'acquisition de la servitude qu'il établit ne soit soumise au paiement d'une juste et préalable indemnité. L'article 4 d'ailleurs fournivait, s'il était absolument nécessaire, un argument de texte très précis. Cet article s'applique en effet aux servitudes établies par les articles 1 et 3 et porte que toutes les contestations auxquelles pourront donner lieu les indemnités dues seront portées devant les tribunaux.

Il faudra de même, et pas *a fortiori* dans notre cas, tenir compte de l'imanunité de servitude établie dans les articles 1 et 2 au profit des maisons, cours, jardins parcs et enclos.

Loi du 11 juillet 1847. Servitude d'appui.

Avant cette loi, aucune discussion ne pouvait s'élever sur le point de savoir si le propriétaire dont le fonds est traversé par une eau courante avait le droit d'appuyer sur les deux rives un barrage pour l'irrigation. Tous les ouvrages nécessaires à l'exercice de son droit d'usage lui étaient évidemment permis dès qu'ils étaient conformes aux règlements généraux et ne portaient aucune atteinte aux droits des coriverains. Mais la grande majorité des jurisconsultes refusait au contraire, comme nous l'avons vu, au riverain d'un seul côté, le droit d'appuyer une prise d'eau sur la rive apposée pour ce motif qu'il s'agissait là d'une restriction que n'autorisait aucun texte de loi.

L'article premier de la loi de 1847 est venu combler cette lacune, déjà signalée au cours de la discussion de la loi de 1845 Cet article est ainsi conçu : Tout propriétaiee qui voudra se servir pour l'irrigation de ses propriétés des eaux naturelles ou artificielles dont il a le droit de disposer, pourra obtenir la faculté d'appuyer sur la propriété du riverain opposé les ouvrages d'art nécessaires à la prise d'eau à la charge d'une juste et préalable indemnité. « Sont exceptés de cette servitude les bâtiments, cours et jardins attenant aux habitations. »

Il existe une telle ressemblance entre cet article et l'article premier de la loi de 1845 que l'on peut dire que la loi de 1847 est en quelque sorte le complément de la précédente.

Remarquons en effet tout d'abord, que la servitude d'appui, comme la servitude d'aqueduc, ne peut être établie que pour l'irrigation, Elle s'applique également à toutes eaux naturelles ou artificielles à quelque titre que l'on puisse en disposer et c'est surtout au profit des sim-

ples usages, riverains du cours d'eau non navigables,
que l'exercice du droit d'appui aura sa principale application La loi de 1847 ne se préoccupe pas davantage
de la nature des propriétés pas plus que des genres d'irrigations. Enfin la servitude d'appui, comme la servitude
d'aqueduc ne pourra être établie qu'à charge d'une juste
et préalable indemnité, et les tribunaux jouissent encore
ici d'un large pouvoir dicrétionnaire en ce qui concerne
l'établissement de cette servitude. Ils pourront, dans
tous les cas, rejeter la demande si elle ne leur paraît pas
fondée sur un intérêt sérieux d'irrigation. Ceci ressort
très nettement des termes de l'article premier, *pourra
obtenir la faculté d'appuyer* et de l'analogie parfaite que
nous avons déjà constatée entre la loi de 1847 et celle de
1845.

Certains ont invoqué cette analogie pour décider que
si, parmi les propriétés qui échappent à la servitude, la
loi n'a pas mentionné les parcs et enclos, il n'y a là qu'un
simple oubli une erreur de rédaction. Nous sommes
fort tentés d'être de cet avis, on a cependant expliqué
cette différence entre les deux dispositions législatives,
en disant que la servitude d'appui est bien moins onéreuse que la servitude d'aqueduc pour ce genre de propriétés et que le législateur a considéré le pouvoir discrétionnaire des tribunaux comme suffisant pour assurer
protection aux intérêts des particuliers propriétaires des
parcs et enclos.

Au profit de qui est établie la servitude d'appui ? Nou-

avons déjà touché cette question à propos de la loi
de 1845, et nous avons décidé que seuls, le propriétaire
riverain ou son cessionnaire peuvent réclamer la servitude. La loi de 1847 n'accorde en effet, le droit d'appui
que sur la rive apposée à celle où se fait la prise d'eau et
non sur les deux rives il faut donc être propriétaire de
celle où s'établit la dérivation ou être aux droits, de ce
propriétaire pour invoquer la loi de 1847

Au cours de la discussion de cette loi, M. Pascalis pro-
posa un amendement tendant à faire admettre le droit
d'appui sur les deux rives et ainsi conçu : « Tout propriétaire etc. pourra obtenir la faculté d'appuyer sur la
propriété *des riverains.* » M. Pascalis s'appuyait sur
cette considération qu'une concession administrative pouvant conférer le droit de prise d'eau même à un non riverain, il était absolument nécessaire, dans l'intérêt de
l'irrigation, de fournir à celui-ci les moyens de l'exercer
utilement. Mais on lui fit remarquer que l'administration ne concédait rien sur les petits cours d'eau, que ce
droit lui appartenait seulement sur les rivières navigables
et que les concessions sur les fleuves publics étant fort
rares pour l'irrigation, la proposition n'offrait plus qu'un
intérêt pratique bien minime. On fit encore valoir qu'il
faudrait en ce cas, imposer au riverain une double servitude la servitude d'aqueduc et celle d'appui, ce qui
constituerait une atteinte bien grave au droit de propriété. En somme l'amendement Pascalis combattu par
le rapporteur et par le ministre des travaux publics, fut

repoussé, et le rejet de cet amendement est concluant dans le sens de la thèse que nous soutenons. Ainsi il n'est pas douteux que la loi de 1847 n'ait autorisé le droit d'appui que sur une rive seulement. Cette amélioration nous paraît insuffisante et nous ne voyons guère pourquoi, en présence des intérêt immenses qui s'attachent à l'irrigation, et alors qu'on avait admis la servitude d'aqueduc on a pu hésiter à imposer l'une et l'autre aux fonds riverains au profit des non riverains. Il n'est pas douteux, en effet, que la servitude d'appui ne soit beaucoup moins onéreuse que la précédente et, d'autre part, au cas où les avantages à retirer de l'irrigation des fonds non riverains n'auraient pas paru devoir compenser les inconvénients de la double servitude, les tribunaux auraient toujours pu, en vertu de leur pouvoir discrétionnaire, en refuser l'établissement.

Nous avons déjà dit que l'établissement de la servitude d'appui était soumis au paiement d'une juste et préalable indemnité ; mais la loi ne dit nullement sur quoi les tribunaux doivent se fonder pour régler cette indemnité. Nous pensons qu'elle ne peut être due et qu'elle ne doit être déterminée qu'en raison du dommage actuel, direct et défini qui va résulter des travaux faits pour appuyer le barrage par la rive opposée. Ce n'est, en effet, que pour obtenir le droit d'appui et en retour de ce droit que le riverain doit une indemnité. Cette indemnité n'a pour but que de réparer le dommage direct et immédiat occasionné par les travaux et la loi ne parle nullement des dommages futurs ou éventuels. Si ces dommages se produisent plus tard, les tiers lésés pourront toujours en demander réparation en vertu de l'article 1382, Code civ

D'ailleurs l'appréciation des dommages éventuels serait toujours arbitraire sinon impossible.

A la chambre des députés M. Levasseur essaya de soutenir le principe que l'indemnité doit être subordonnée à la hauteur des eaux, à la submersion possible des propriétés en amont et aux dommages qui ne résulteront, dommages futurs et éventuels. Il aurait même voulu que celui qui demande l'indemnité ne put se présenter devant les tribunaux que muni d'un règlement d'eau, mais son opinion ne fut pas admise par la Chambre qui comprit très bien qu'il ne s'agit ici que des rapports limités de deux particuliers, celui qui demande la servitude et celui qui va la subir, et que dès lors tous lesdroits des tiers et de l'administration doivent être expressément réservés.

La réciprocité de droits qui existe entre deux riverains opposés peut donner lieu à réclamation à fin d'usage commun d'un barrage à établir ou déjà établi.

L'article 2 de la loi de 1847 privait ces deux cas. Il est ainsi conçu : « Le riverain sur les fonds duquel l'appui sera réclamé pourra toujours demander l'usage commun du barrage en contribuant pour moitié aux frais d'établissement et d'entretien ; aucune indemnité ne sera respectivement due dans ce cas et celle qui aura été payée devra être rendue.

« Lorsque cet usage commun ne sera réclamé qu'après le commencement ou la confection des travaux. Celui qui le demandera devra supporter seul l'excédant de dépense auquel donneront lieu les changements à faire au barrage pour le rendre propre à l'irrigation des deux rives. »

Les dispositions de cet article sont d'une clarté suffisante pour nous dispenser de tout commentaire. Nous constaterons seulement que les riverains, en amont du barrage peuvent très bien, en vertu de l'article 644, exercer leurs droits d'usage sur le cours d'eau et profiter ainsi de la surélévation des eaux sans être tenus à aucune indemnité vis-à-vis du riverain qui a établi le barrage. Ce principe s'applique également au riverain dont le fonds supporte le barrage et il arrivera dès lors bien souvent qu'il usera des eaux sans avoir recours à la faculté que lui confère l'article 2 et sans payer aucune indemnité.

L'article 3 attribue compétence aux tribunaux et bien qu'il ne paraisse pas lui laisser le pouvoir discrétionnaire que leur reconnaît l'article 4 de la loi de 1845 nous avons déjà décidé plus haut qu'on ne saurait le leur refuser.

Enfin l'article 4 décide qu'il n'est nullement dérogé par les présentes dispositions aux lois qui règlent la police des eaux.

Du pouvoir règlementaire de l'Administration.

La conséquence la plus importante du système, qui considère les petits cours d'eau comme choses communes, est la nécessité de reconnaître à une autorité supérieure, étrangère aux luttes des intérêts particuliers et aux caprices des riverains, un droit de surveillance et de police sur ces cours d'eau afin de garantir les intérêts généraux de la salubrité publique, de l'agriculture et de l'industrie. Ce pouvoir règlementaire appartient évidemment à l'autorité administrative et ne saurait d'ailleurs lui être contesté en supposant même que l'on considérât l'eau courante comme objet de propriété privée. Ce serait, en effet, une propriété d'un genre particulier, établissant une sorte de solidarité entre les divers riverains d'un même cours d'eau, solidarité qui réclamerait forcément l'intervention d'un pouvoir règlementaire supérieur, c'est-à-dire de l'autorité administrative, seule autorité investie par nos institutions du pouvoir règlementaire.

Cette mission résulterait suffisamment pour l'administration de l'article 714 du Code civil, mais elle est, en outre confirmée par les textes suivants :

Loi du 22 décembre 1789, qui charge les administrations de département de veiller à la conservation des rivières et autres choses communes.

La loi du 20 août 1790, qui enjoint à ces mêmes administrations de rechercher et indiquer les moyens de procurer le libre cours des eaux, d'empêcher que les prairie

ne soient submergées par la trop grande élévation des
écluses des moulins ou par les au'res ouvrages d'art établis sur les rivières, de diriger enfin, autant qu'il est
possible, toutes les eaux de leur territoire vers un but
d'utilité générale.

La loi du 6 octobre 1791, qui confie à l'administration
le soin de prévoir les accidents et évènements calamiteux
et déclare en outre : que les propriétaires ou fermiers des
moulins ou usines, construite ou à construire, seront
garants de tous dommages que les eaux pourraient causer aux propriétés voisines par la trop grande élévation
du déversoir ou autrement. Ils seront forcés de tenir les
eaux à une hauteur qui ne nuise à personne et qui sera
fixée par le directoire du département d'après l'avis du
directoire de district.

L'administration, dans l'exercice des pouvoirs importants qui lui sont attribués doit se proposer un double but :
c'est d'abord d'éviter les dommages publics, qui peuvent
résulter du défaut de surveillance dans la manutention et
la direction des eaux, et, en second lieu, d'assurer entre
les divers ayant droits, la répartition de tous les avantages que peuvent offrir les cours d'eau de la manière la
plus conforme à l'intérêt général.

Pour agir conformément à ce double but l'administration procède en cette matière, soit par voie de mesure
proprement dite ou arrêté de police, soit par voie d'autorisation.

Règlements de police.

Les prescriptions de police tendent surtout au maintien du cours libre et naturel des eaux. Elles se présentent tantôt sous la forme de mesures préventives en
fixant à l'avance, et dans l'intérêt général les conditions
d'existences de tels ou tels établissements, tantôt sous la
forme de mesures répressives ; ce sont alors des injonctions ayant pour but de faire disparaître tous les obstacles
apportés au libre cours des eaux, injonctions, qui, si elles
ne sont pas exécutées par les particuliers mis en demeure
de le faire, peuvent l'être directement par l'administration, agissant par la voie coercitive, et effectuant d'office
la destruction des obstacles visés par l'arrêté.

Ces mesures réglementaires, sauf les cas où il s'agit
de faire disparaître ou de modifier tel ou tel ouvrage
déterminé, sont prises par voie d'arrêtés collectifs ayant
pour but soit de régler entre les particuliers les jouissan-
ces qu'ils exercent sur les eaux, soit de les soumettre à
certaines conditions dans l'intérêt général. Ces arrêtés
prennent le nom générique de *règlements d'eau.*

Il peut se faire, en effet que les riverains d'un cours
d'eau se plaignent de certains abus de jouissance commis
par leurs voisins ou dénoncent les conséquences graves
qui résultent pour eux de la construction de tel ou tel
ouvrage établi par un usinier ou un propriétaire riverain
et qui les expose à de fréquentes inondations où les prive de la quantité d'eau à laquelle ils peuvent avoir
droit. Il peut se faire aussique l'administration soit pré-

venue par ses agents de la mauvaise répartition des eaux
dans telle rivière entre ceux qui en ont l usage, ou des dangers que présentent certains abus de jouissance des usiniers. Dans tous ces divers cas l'administration pourra
intervenir en ve tu de son pouvoir régl mentaire.

Le pouvoir de l administration en cette matière n'est
limité que par l'intérêt général ; pourvu qu e les mesures
prescrites aient été prises dans un intérêt public, dans
un intérêt de police, elles sont, en principe, inattaqua-
bles. 3 aou 1863. Salles D. 64, 1, 43.

On ne saurait en contester la légitimité qu'en se fondant sur ce que tout s les formalités prescrites n'ont pas
été remplies ou sur ce que ces mesures ont été prises
dans un intérêt pure ement privé. Le propriétaire d'un
établissement supprimé ou modifié pourrait prétendre,
par exemple : que c'est se lement sur la plainte de quelque particulier et dans un intérêt purement individuel,
qu'une mesure de police a é é prise contre lui, protestant
que l'usine ne causait, par son fonctionnement, aucun
espèce de dommage public. Remarquons d'abord que
l'administration ayant pour mission spéciale de rechercher et de sauvegarder partout l'intérêt général c'est l'autorité administrative qui serait, en ce cas appelée, à
décider de la question Il s'a irait là, d'un recours pour
excès de pouvoir qui devrait être porté devant le conseil
d'Etat, recours fort dangereux, qui a été souvent admis
il est vrai, par le conseil d'Et t dans la période de 1832
à 1872, mais qui peut être facilement rejeté pour cette

raison qu'en matière de cours d'eau, en supposant même
qu'il n'y ait de plaintes contre une entreprise que de la
part d'un seul riverain, l'intérêt général et l intérêt privé
se trouvent tellement liés entre eux, qu'il est à peu près
impossible de les séparer. Un barrage, établi en un
point quelconque et qui ne soulève aujourd'hui de plaintes
que de la part d'un seul riverain, n'en constitue pas
moins un obstacle qui peut, au moment d'une
crue, occasionner des remous nuisibles à plusieurs, des
dommages qui sont essentiellem nt publics et que l'administration a le droit et le devoir de prévenir.

En tant que l'administration agit dans l'intérêt général,
il est de l'essence de son pouv ir d écarter tous les obstacles, provenant des droits particuliers, qui pourraient.
l'entraver dans sa marche. Ni les conventions privées,
ni les règlements d'eau judiciaires, ni les actes de vente
nationale, ni les anciens usages locaux, ni enfin les actes
administratifs antérieurs ne sauraient lui faire obstacle.
Tous les titres, toutes les possessions anciennes disparaissent devant le règlement nouveau. De nombreuses
protestations se sont élevées à ce sujet et les particuliers
ont fréquemment contesté à l'administration ce droit
absolu en ce qui concerne aux moins les établissements
anciens, mais aucune distinction n'est possible puisque
la loi impose à l'administration l'obligation de régler la
hauteur des eaux des moulins et usines *construits* et à
construire.

Le Conseil d'Etat a constamment repoussé les préten-

entions des particuliers tant en ce qui concerne le maintien de leurs droits qu'en ce qui concerne l'indemnité
réclamée par eux. Nous verrons, en effet, plus loin que
l'autorisation assure aux usiniers un véritable droit
d'usage qui ne saurait en principe leur être enlevé sans
indemnité. Mais, dans notre hypothèse, en tant que l'administration agit en vertu de ses pouvoirs de police dans
l'intérêt collectif des riverains ses règlements ne peuvent
jamais donner lieu à aucun recours en indemnité contre
l'Etat. Conseil d'Etat, 30 mars 1855. D. 3. 34.

Que faudrait-il décider si l'administration allait jusqu'à rendre impossible par ses règlements l'exercice des
droits reconnus et garantis aux riverains par la loi elle-
même (art. 644)? N'y aurait-il par là un excès de pouvoir et de pareilles dispositions, qui anéantiraient le droit
des riverains sous prétexte de l'organiser seraient-elles
obligatoires ? Les tribunaux devraient-ils, par exemple,
ordonner l'exécution d'un règlement qui exigerait que le
seuil des vannes de décharge des prises d'eau dans telle
partie de la rivière fut élevé à une hauteur déterminée
au dessus du niveau naturel du lit ?

Cette question, très délicate, a été diversement résolue. Il est bien difficile d'admettre que l'administration
ait le pouvoir d'abroger par ses règlements les dispositions du Code civil qui confèrent aux riverains certains
droits déterminés. Ce droit lui a été refusé par plusieurs
décisions et entr'autres par un arrêt de la Cour de Paris,
du 19 mars 1838 (Journal du Palais, 1838, II, 258.

Certains auteurs ont cepeudant combattu cette doctrine
et notamment M. Daviel qui lui oppose l'article 645,
Code civil. Cet article dit, en effet, que les règlements
particuliers et locaux doivent être observés par les juges
dans tous les cas. Sans trop nous arrêter à la portée de
cet argument, auquel on peut très bien répondre, comme
l'a fait M. Demalombe, que cet article suppose évidemment que l'administration a agi dans les limites de ses
attributions, nous n'hésitons pas à reconnaître qu'il est
difficile de donner ici une réponse catégorique. Sans doute,
en principe, on ne saurait admettre que l'administration
ait le droit d'abroger la loi par ses règlements. mais,
d'autre part, ses pouvoirs en matière de police
sont si étendus, qu'il serait bien dangereux d'élever un
casus belti entre elle et les tribunaux judiciaires, en tout
que ses règlements de police auraient été rendus dans un
intérêt public incontestable. Nous avons vu, en effet,
que, dans ce cas, le pouvoir de l'administration faisait
table rase de tous les titres et de toutes les possessions
antérieures et il est cependant incontestable que les établissements régulièrement autorisés ou antérieurs à 1789,
constituent de véritables droits d'usage, droits réels acquis aux usiniers sur les cours d'eau et qui sont aussi
bien garantis par la loi que le droit d'irrigation, par
exemple, directement conféré aux riverains par le code
civil. art. 644. — D'autre part la faculté d'irrigation
consacrée par le Code civil est rigoureusement soumise
au centrale de l'autorité administrative qui se trouve

ainsi investie du droit de ne laisser opérer aucune prise d'eau sans s'assurer qu'elle s'établira sans aucun dommage pour autrui. Il y a donc lieu de croire que, en tant que l'administration ne se serait préoccupée que de prévenir par ses règlements un danger public, les recours des riverains fondés sur l'excès de pouvoir seraient impuissants.

Condition des divers établissements sur les petits cours d'eau.

L'administration exerce encore son pouvoir réglementaire par voie d'*autorisation*, quand il s'agit de dispenser aux riverains certains avantages offerts par le cours d'eau et demeurés dans le domaine commun.

Ce droit résulte suffisamment des lois de 1790 et 1791 que nous avons déjà citées et l'administration n'a pas eu de peine à faire reconnaître que ces textes lui attribuaient un droit de contrôle spécial, d'où résultait implicitement pour les particuliers une obligation rigoureuse de se munir d'une autorisation préalable pour utiliser les pentes et les chutes dans les cours d'eau non navigables ni flottables.

Toute usine construite sans autorisation sur un cours d'eau non navigable, n'a absolument aucune existence légale à l'égard de l'administration et le défaut d'autorisation pourra toujours être opposé à l'usinier par l'autorité administrative, même s'il est riverain des deux côté. Le préfet aura toujours le droit ; en vertu de son pouvoir réglementaire, de disposer au profit de tout autre riverain de tout ou partie de la chute et même d'ordonner la destruction complète des travaux établis. Il ne faudrait pas induire de ce principe que l'autorisation est créatrice d'un droit quelconque au profit des riverains. Certains l'ont soutenu en présence du pouvoir si étendu, que la jurisprudence reconnait à l'administration sur les petits cours d'eau, mais nous avons déjà combattu cette erreur et défini la nature et l'étendue de l'autorisation administrative en décidant qu'il ne s'agit là que d'une simple permission accordée sous les rapports de police et que l'autorité intervient non pas pour reconnaitre, pour concéder un droit, mais seulement pour régler l'exercice d'un droit préexistant.

L'administration se borne à constater par l'autorisation qu'elle donne que les intérêts généraux dont elle a la garde n'ont pas à souffrir de l'entreprise projetée, mais elle n'intervient que dans l'intérêt général, laissant les intérêts privés se défendre eux-mêmes. En un mot, elle autorise et ne concède rien mais son autorisation est nécessaire toutes les fois qu'il s'agit d'entreprendre sur le cours d'eau un ouvrage quelconque.

On avait discuté, cependant, avant le décret du 25 mars 1852 la question de savoir si l'autorisation administrative était obligatoire même pour employer les moyens nécessaires à l'exercice de certains droits d'usage, tels que le droit d'irrigation, de pêche etc., direc-

tement conférés aux riverains par la loi ? L'on se deman-
dait, par exemple, si l'autorisation préalable était
indispensable pour établir des saignés, rigoles ou barrages
purement temporaires.

Il ne s'agit pas, disait-on, d'utiliser dans ces divers
cas les pentes ou les chûtes, d'autre part, la loi, qui
attribue aux riverains les droits d'irrigation, de pêche
etc. Comme une dépendance de leurs fonds, doit aussi
leur attribuer les moyens d'user de ces avantages. Qui-
conque à une servitude a droit aussi à faire tous les
ouvrages nécessaires pour en user et la conserver.

Ces arguments étaient sérieux. On leur opposa cependant cette considération que le pouvoir réglementaire de
l'administration était absolu, que l'administration pouvait toujours, par un réglement général faire disparaître
tous les obstacles apportés au libre cours des eaux, ou
même décider préventivement que sur telle rivière aucun barrage ou autre ouvrage de ce genre ne pourrait
être établi sans autorisation préalable et l'on en conclut
à la nécessité de l'autoris tion en l'absence de réglement, le Conseil d'Etat admit ces raisons. (C. d'Etat 20
mai 1843. Bonnéau. Dev. 1843 II. 428.)

Le premier système nous paraît avoir été le plus juri-
ridique, car on ne produit, en somme, à l'encontre des
riverains, aucun texte, les soumettant, dans les divers
cas prévus, à la nécessité de l'autorisation préalable. La
jurisprudence du Conseil d'Etat a cependant été consacrée par le décret du 16 mars 1852, qui décide (art. 3)

que les préfets statueront, sur l'avis des ingénieurs, sur tous les objets mentionnés au tableau **D**. qui contient, n° 2 : autorisations, sur les cours d'eau non navigables ni flottables, de tout établissement nouveau tel que moulin, usine, barrage, prise d'eau d'irrigation, patouillet, bocard, lavoir à mine. »

Il est donc incontestable qu'aucun établissement ne peut se fonder le long d'un cours d'eau non navigable sans une autorisation administrative.

Vu les conséquences graves que peut entraîner l'établissement d'une usine ou d'une prise d'eau sur une rivière, l'administration a non seulement le droit mais le devoir d'intervenir et ne peut se refuser à prendre une décision.

L'administration a cependant le droit de prononcer un ajournement motivé de sa décision dans tous les cas où il existera certains projets à l'étude touchant le cours d'eau et qui pourraient en changer la condition légale. S'il s'agit, par exemple, de rendre une rivière navigable, l'administration surseoira aux autorisations demandées pour éviter d'avoir ensuite à indemniser les riverains.

Hors ce cas exceptionnel, l'administration prend toujours comme elle le droit. sur les demandes qui lui sont faites, une décision pour ou contre. Nous verrons plus loin si ses décisions sont susceptibles d'être attaquées, par qui, et de quelle manière elles peuvent l'être.

Il est un cas, cependant, où l'acte d'autorisation n'a pas été considéré comme étant obligatoire pour conférer l'existence légale à certains établissements, c'est le cas où ces moulins ou usines ont une existence légale antérieure à 1789.

La loi a-t-on dit, n'a pas d'effet rétractif (Code civ. art. 2.) Il en résulte dès lors, que les lois abolitives de la féodalité pas plus que les art. 644 et 645 du Code civil n'ont pu porter aucune atteinte aux droits privés régulièrement acquis sur les cours d'eau en vertu de la législation sous l'empire de laquelle ils ont été créés, or, avant 1789, les seigneurs étaient réputés propriétaires de presque tous les petits cours d'eau, et, si quelques-uns appartenaient aux particuliers, les seigneurs y exerçaient au moins un droit de surveillance et de police, dès lors, tous les établissements fondés ou régulièrement autorisés par eux avaient forcément une existence légale incontestable.

La plus grande partie de ces moulins et usines, qui appartenaient aux seigneurs, passa, après la révolution, aux mains des particuliers ; ces biens furent vendus comme biens nationaux. Il suffit donc de présenter un acte de vente nationale ou une concession seigneuriale si le moulin, n'a pas été bâti par le seigneur lui-même, pour que l'existence légale soit acquise à cet établissement.

C'est le 23 ventôse an X que la Cour de cassation a été appelée à se prononcer pour la première fois sur cette question, et elle l'a fait dans le sens que nous venons d'indiquer, malgré les conclusions contraires du procureur général Merlin, qui soutenait que les seigneurs n'avaient jamais eu sur les cours d'eau qu'un droit de police, droit féodal qui leur avait été enlevé par les lois abolitives de la féodalité et que ces lois avaient atteint en même temps, entre les mains des particuliers les droits concédés par les anciens seigneurs. Ces conclusions ne furent pas admises par la Cour de cassation qui a, depuis lors, maintenu sa jurisprudence. La raison principale qu'elle a toujours donnée c'est que ces droits ont été régulièrement acquis aux particuliers en vertu de la législation sous l'empire de laquelle ils ont été créés. La jurisprudence a même étendu, et avec raison, l'application de ce principe au cas où les moulins ou usines ayant une existence bien antérieure à 1789, les propriétaires actuels ne pourraient rapporter ni permission seigneuriale ni acte de vente nationale. L'existence prolongée de ces établissements dans l'ancien droit a été considérée comme une sorte d'autorisation tacite. (Cass. 13 août 1837 de Porthau d. D. 1838 II, 53.) Cass. 19 janvier, 1838, D. nge. D. 1838 II, 127.)

Toutefois, dans plusieurs arrêts, la Cour de cassation a limité son principe au cas où il s'agit de moulins et usines *construits par des tiers et concédés à titre onéreux.* Cette distinction nous paraît mal fondée, bien qu'elle ait été approuvée par de savants jurisconsultes et entr'autres par M. Aubry et Rau, qui prétendent que

« la jouissance exclusive des eaux par l'ancien Seigneur, propriétaire du moulin, constituait bien moins un droit privé qu'un droit seigneurial, qui n'a pu survivre aux lois abolitives de la féodalité, et qui n'a pu, dès lors être ultérieurement transmis avec la propriété du moulin. » Nous nous contenterons de répondre que si les Seigneurs pouvaient par une concession, légaliser l'existence des moulins et usines construits par des particuliers, nous ne voyons pas de raison pour qu'ils ne pussent pas faire pour eux-mêmes ce qu'ils avaient le droit de faire pour les autres. Dépositaires de l'autorité publique, dans l'étendue de leurs fiefs, les seigneurs auraient dû se donner à eux mêmes l'autorisation nécessaire, elle était donc toujours sous-entendue.

De même, on ne voit pas pourquoi, s'ils avaient le droit absolu de faire des concessions sur les cours d'eau, les seigneurs ne pouvaient pas les faire aussi bien à titre gratuit qu'à titre onéreux.

Une seule distinction doit être faite d'après nous en ce qui concerne les concessions seigneuriales beaucoup plus générale que la précédente. Nous distinguerons entre celles, qui émanent du droit de propriété ou de police des seigneurs et celles qui ne sont que le résultat d'un abus de leur puissance justicière ou féodale : Les premières doivent être maintenues, les autres, au contraire, doivent être annulées, ou, au moins, réduites à la valeur des premières : cette distinction a été très nettement posée par un arrêt de la Cour de Bordeaux rendu contre les pro-

priétaires d'un moulin, situé au milieu de la rivière le
Mouchon, dont toutes les eaux avaient été anciennement
concédées aux dits propriétaires. Ces derniers préten-
daient avoir le droit, en vertu de leur titre, de s'opposer
à toute entreprise tant en amont qu'en aval du moulin.
La cour repoussa cette prétention, et voici l'un des con-
sidérants essentiels de cet arrêt : « Attendu qu'une concession de cette nature ne confère point un droit de propriété privée, puisque le concessionnaire ne saurait s'approprier la chose qui en fait l'objet, ni en tirer person-
nellement aucune utilité, qu'un tel droit ne serait autre
chose qu'un démembrement de la puissance féodale etc.

Si nous recherchons maintenant quelle est la condition
légale des établissements autorisés ou antérieurs à 1789 ,
nous pouvons dire d'un mot, qu'ils constituent de véritables droits acquis au profit des riverains, droits qui ne
sauraient, en principe, leur être enlevés sans indemnité :
L'administration, en effet, n'est pas propriétaire des petits cours d'eau, elle ne concède donc absolument rien
aux riverains. Elle se borne seulement à constater, par
l'autorisation qu'elle donne, que les intérêts généraux
de l'agriculture, de l'industrie ou de la salubrité pu-
bli,ue dont elle a la garde et la surveillance, ne se trouvent pas compromis par l'ouvrage nouveau que tel ou tel
riverain se propose d'établir sur le cours d'eau et, ce
dernier, en se conformant à la formalité de l'autorisation,
acquiert un véritable droit en vertu de cette occupation
régularisée par l'autorité administrative.

Les propriétaires des moulins ou usines ayant une existence légale antérieure à 1789, ont, comme les riverains autorisés depuis cette époque, de véritables droits d'usage sur les cours d'eau, qui ne sauraient leur être enlevés sans indemnité ; cependant, la condition de leurs établissements, est un peu inférieure à celle des moulins ou usines récemment autorisés et portant règlement d'eau. Les lois de 1790 et 91 ont, en effet, déclaré que l'administration devait fixer la hauteur des eaux des moulins construits ou à construire et la plupart des anciens moulins vendus à cette époque comme biens nationaux, furent vendus dans l'état où ils se trouvaient, dépourvus de règlement d'eau.

Ces divers établissements sont donc exposés aujourd'hui à subir un règlement d'office, toujours plus désavantageux qu'un règlement que le propriétaire sollicite lui-même.

Demande en autorisation. — Procédure à suivre.

Les règles auxquelles sont soumises les demandes en autorisation se trouvent contenues dans diverses circulaires du directeur général des ponts et chaussées et dans diverses instructions ministérielles. Nous citerons parmi ces documents l'instruction du 19 thermidor an VI, la circulaire du directeur général du 16 novembre 1834, la circulaire du 23 oct. 1851 etc.

Toute demande d'autorisation doit être adressée au préfet. (Circ. du 23 octobre 1851), en termes précis

(Circ. du 16 nov. 1834.) La pétition doit contenir le nom du cours d'eau, de la commune, des établissements hydrauliques situés en amont et en aval du point où l'on veut établir l'usine, l'usage auquel on la destine, etc., le pétitionnaire doit en outre justifier de la propriété des rives du barrage projeté ou produire le consentement écrit des propriétaires de ces terrains.

Le préfet soumet alors la pétition aux enquêtes. Une première enquête de 20 jours a lieu à la mairie de la commune où va s'établir l'usine (instruction de thermid. an VI) L'arrêté préfectoral ordonnant cette enquête, est affiché et publié. — A défaut de ces formalités le Conseil d'Etat a décidé que l'arrêté préfectoral pourrait être annulé pour excès de pouvoir.

Les Ingénieurs, procèdent ensuite à la visite des lieux et présentent leurs observations; après quoi, a lieu à la mairie une deuxième enquête, pendant 15 jours. Cette enquête semblable à la première est organisée en vertu d'une circulaire du 16 novr 1834.

Des oppositions.

Les divers intéressés peuvent, au courant des informations administratives, faire telles observations, réclamations ou objections qu'ils jugent convenables, on les comprend sous le nom générique d'oppositions. Ces oppositions tendent soit à faire repousser la demande, soit à faire insérer certaines réserves dans l'acte d'autorisation.

En principe aucune apposition ne saurait arrêter l'administration, dont le pouvoir réglementaire est absolue.
Le sursis n'est jamais de rigueur et n'aura jamais lieu
quand les objections soulevées ne porteront que sur la
convenance ou l'utilité de l'entreprise. Il ne s'agit en
effet dans ce cas que de considérations d'utilité générale
dont l'administration est seule juge.

Mais il est des oppositions qui sont fondées sur certains droits, qui seraient atteints par l'exécution des travaux projetés. Un riverain peut prétendre, par exemple,
qu'il est propriétaire de l'emplacement sur lequel l'usine
va être établie, ou qu'il a sur ce terrain un droit servitude,
que les droits d'usage qu'il a sur le cours d'eau en vertu
de l'art, 644 et qu'il peut avoir étendu par conventions
ou prescription, vont être modifiés, ou encore que son
usine dont l'existence est régulière, va subir une diminution considérable de force motrice.

Dans tous ces divers cas, le devoir de l'administration
est de vérifier l'exactitude de ces réclamations, et, au
cas où elles sont sérieuses et bien fondées, de surseoir
à l'instruction de la demande jusqu'à ce que les juges
civils aient statués.

« Les questions de propriété d'usage et de servitude,
nous dit la circulaire de 1851 déjà citée, sont soumises
aux règles de droit commun et ressortissent aux tribunaux civils, mais dans l'exercice du droit de police qui
lui est attribué, l'administration, *dont toutes les décisions
réservent d'ailleurs le droit des tiers*, doit rechercher et

prescrire, nonobstant tous titres et conventions contraires, les mesures que réclame l'intérêt public. En
conséquence, MM. les ingénieurs ne doivent s'arrêter
devant les oppositions soulevant des questions de droit
commun qu'autant que les intérêts généraux n'auront
pas à souffrir de l'ajournement de l'instruction. »

Le saisie n'est donc jamais obligatoire mais, quelque
parti que prenne l'administration, les droits de l'oppo-
sant restent expressément réservés.

Décision sur la demande. — Conditions imposées.

L'administration peut accorder ou refuser l'autorisation et, en cas de réponse négative, aucun recours
contentieux n'est ouvert au riverain dont la demande a
été rejetée. Ces décisions sont, de leur nature purement
administratives et on ne peut s'adresser qu'à l'administration elle-même etc., elle-même soit au ministre par
voie d'appel, soit au préfet en le priant de revenir sur sa décision. Par exception, si les lois et réglements sur la matière n'avraient pas été observés on pourrait demander
au Conseil d'Etat l'annulation de l'unité préfectoral pour
excès de pouvoirs.

(C. d'Et., 9 février 1850, gr. Lecul. D. 3. 38.)

Recours contentieux pour refus d'autorisation, Mais le
Conseil d'Etat : Attendu qu'il appartient exclusivement à
l'autorité administrative de permettre dans les formes et
conditions prévues par la loi, l'établissement de nou-

velles usines, que le refus d'autorisation est un *acte ad-ministratif non susceptible de recours par la voie conten-tieuse etc.* rejette.

Au cas où l'administration accorde l'autorisation qui lui est demandée elle la soumet à certaines conditions. Parmi ces conditions, les unes sont générales, et se re-trouvent dans tous les actes d'autorisation : nécessité d'observer les règlements généraux, d'exécuter les tra-vaux dans un délai déterminé sous la surveillance des ingénieurs etc.

D'autres sont spéciales à chaque permission suivant l'état des lieux et la nature des précautions à prendre. On ne saurait les énumérer dans un exposé théorique.

Parmi les clauses à insérer dans un acte d'autorisation, il en est une qui a donné lieu à une longue discus-sion et à propos de laquelle la jurisprudence a plusieurs fois varié.

Il s'agit de la clause de non indemnité insérée à di-verses reprises dans les actes d'autorisation.

On peut dire que cette clause est aujourd'hui définiti-vement rejetée, mais il est bon cependant de rappeler en peu de mots les arguments essentiels invoqués de part et d'autre.

Dès l'année 1804 il y avait une forte tendance à com-prendre sous un même régime au point de vue de la po-lice, tous les cours d'eau navigables ou non. C'est à la faveur de ces idées que la clause de non indemnité avait été introduite dans les actes d'autorisation. Malgré de fréquentes réclamations cette clause fut maintenue jusqu'en 1830. A partir de cette époque, au contraire, jusqu'en 1841, l'administration changea d'avis, la clause ne fut plus insérée et plusieurs propriétaires obtinrent même la radiation de celles qui avaient été introduites dans des ordonnances antérieures. « L'administration, disait en 1834 dans un rapport, M. le sous-secrétaire d'Etat aux travaux publics, ne peut prescrire une semblable réserve lorsqu'il s'agit d'une prise d'eau sur rivière non navigable. Ici, en effet, elle n'accorde pas un droit, elle en règle seulement l'exercice et l'usage. »

A la fin de 1841, l'administration revint à sa première opinion ; ce revirement subit fut motivé surtout par l'extension et le développement de nos travaux publics à cette époque et la nécessité d'indemniser dès lors un grand nombre de riverains.

Mais cette jurisprudence, vivement combattue, par les meilleurs esprits a été depuis lors définitivement abandonnée par le conseil d'Etat qui repousse depuis longtemps la clause de non indemnité. Il annule les actes d'autorisation où elle se trouve insérée comme antachés d'excès de pouvoirs et considère la clause comme non avenue dans les actes antérieurs.

Il ne fait de réserve que pour le cas où l'administration courait à intervenir dans l'intérêt de la police des eaux, en ce cas seulement la clause de non indemnité serait valable. Conseil d'Etat, 20 juin 65. D. 76, 3, 45. Idem 66. D. 67. 1. 53.

Cette jurisprudence est évidemment la seule conforme
à la loi. Que disait en effet, l'administration? Mécon-
naissant complètement la nature de ses pouvoirs, qui ne
sont que des pouvoirs de police, elle soutenait que le
droit d'accorder ou de refuser l'autorisation implique la
faculté de la soumettre à toute espèce de conditions et
d'imposer dès lors 'a clause de non indemnité d'autant plus que les petits cours d'eau étant choses communes les riverains ne sauraient y prétendre aucun droit
de propriété.

Mais les adversaires de la clause répondaient avec
raison, que si les riverains n'ont pas la propriété des
cours d'eau, la loi leur reconnaît certains droits d'usage,
véritables droits réels dont on ne saurait les déposséder
sans indemnité.

Ils ajoutaient que les seuls textes qui eussent conféré
à l'administration le droit d'accorder des permissions
sur les petits cours d'eau, les lois de 1790 et 1791 défi-
nissent parfaitement la compétence administrative.
L'administration, d'après ces textes, doit fixer la hauteur
des eaux, prévenir les conflits entre les riverains mais
elle n'accorde ainsi aucun droit, elle vient seulement
régler un droit préexistant.

Ainsi, l'autorisation conféré dans tous les cas aux
riverains un droit acquis dont on ne peut les dépouiller
sans indemnité.

Par exception cependant, il est des cas où l'administration a le droit de supprimer sans indemnité, des

établissements autorisés ou tout au moins de les modifier. Elle le pourra toujours en vertu d'un règlement
général s'appliquant à tout le cours d'eau et rendu dans
un intérêt de police. On ne voit pas, sur quoi l'on pourrait fonder en ce cas le droit à l'indemnité, et par
qui elle pourrait être due, d'une part, en effet, l'Etat ne
profite de rien, d'autre part on ne saurait imposer aux
riverains l'obligation de payer une indemnité pour avoir
reconquis, par la suppression de l'usine, une situation
de sécurité qui doit toujours leur être assurée.

La suppression sans indemnité pourrait aussi être
imposée, par mesure de police individuelle à un usinier, qui in'observerait pas les conditions de l'autorisation
et causerait ainsi des dommages publics. Ce cas est d'ailleurs prévu dans l'acte d'autorisation qui n'est accordée
qu'à la condition que le nouvel établissement ne devien-
dra pas un danger pour les voisins.

Hors ces cas, tout acte administratif qui porterait
atteinte aux droits de certains riverains dans un intérêt
purement privé serait entaché d'excès de pouvoirs, et
serait soumis au recours contentieux devant le conseil
d'Etat. (C. d'Et. 18 avril 1836 D. 63. 3, 63)

Il peut se faire que l'administration, au cours de
certains travaux publics, se voie dans la nécessité d'exproprier un ou plusieurs usiniers et il s'agit de déterminer quel est, en ce cas, le tribunal compétent pour
fixer l'indemnité due au riverain dépossédé.

Il faut distinguer d'une part la suppression des bâtiments de l'usine et d'autre part la suppression de la force matrice.

S'il s'agit de supprimer les batiments d'un moulin ou d'une usine il y a là une véritable expropriation et l'indemnité devra ê re fixée conformément aux dispositions de la loi de 1841.

S'il s'agit au contraire de la suppression partielle ou totale de la force matrice il n'y a là qu'un dommage résultant de l'exécution des travaux publics, et l'indemnité devra être fixée par le co seil de préfecture. Le conseil d'Etat et le tribunal des conflits ont proclamé biens des fois ce principe depuis 1841 et leur jurisprudence est fixée en ce sens. Les riverains ne sont en effet, propriétaires ni de l'eau, ni du lit, ni de la pente, il n'y a donc pas. au cas, de suppression de la force motrice, un véri able transfert de propriété et ce n'est pas dès lors la loi du 3 mai 1841, mais bien les lois du 28 pluviose an VIII et du 16 septembre 1807 qui sont applicables. (17 décembre 1847 herit. Pinon.) D48,3.49.

Remarquons toutefois, qu'avant de statuer sur la question d'indemnité ! le conseil de préfecture devra s'assurer que l'usine a une existence légale (art. 48 loi de 1807) c'est-à-dire que l'usinier devra produire un acte d'auto - risation ou établir que son usine avait une existence légale antérieure à 1789.

Cette preuve faite, reste une dernière question à examiner. Doit-il être tenu compte à l'usinier de la totalité de la force motrice dont il jouissait au moment de l'exé-

cution des travaux publics, ou seulement de la force
motrice dont il jouissait au moment de l'établissement
de l'usine? Le conseil d'Etat s'était d'abord montré très
rigoureux, refusant toute espèce d'indemnité pour les
travaux extérieurs faits depuis l'établissement de l'usine
sans autorisation. Il n'accordait d'indemnité que pour les
travaux d'amélioration intérieurs. Il est bien évident en
effet, qu'un usinier n'a pas besoin d'autorisation pour
modifier les ouvrages intérieurs de son usine, qui ne
peuvent avoir aucune influence sur le cours d'eau.

Mais relativement aux ouvrages *extérieurs* la jurisprudence du conseil d'Etat était évidemment trop rigoureuse et devait être modifiée.

Elle fut, en effet, en 1866, sur les conclusions du
commissaire du Gouvernement, M. Aucoc, qui rétablit
devant le conseil la véritable théorie juridique.

« Tout changement aux ouvrages extérieurs vous paraissait irrégulier, dit-il, s'il n'avait pas été autorisé.

« Cette jurisprudence, établie par d'assez nombreuses
décisions n'est-elle pas trop absolue ? Nous croyons pouvoir l'établir Dans la force motrice il faut distinguer deux
choses : 1° la *force brute*, résultant du volume d'eau
et de la hauteur de la chute ; 2° la *force utile* qui résulte
du plus ou moins de perfection de mécanisme. » Et l'é-
minent jurisconsulte concluait avec raison, de cette distinction, que l'indemnité pouvait bien être refusée au cas où
l'usinier aurait augmenté la force brute sans autorisation, car l'administration a seule le droit de modifier

ja pente, mais il soutenait énergiquement le droit à l'indemnité au cas où l'usinier, sans toucher à la pente, avait perfectionné son mécanisme extérieur. Il se borne, en effet, en ce cas, à utiliser dans de meilleures conditions la force motrice dont il peut dispose.

Le Conseil d'Etat rendit, en cette affaire un arrêt conforme aux conclusions de M. Ancoc, et a depuis lors mrintenu le principe posé par ces conclusions.

Voies de recours contre les décisions de l'Administration.

Il y a ici plusieurs distinctions à faire. Les recours peuvent être dirigés, soit contre l'acte lui-même, soit contre les conséquences nuisibles qui résultent de l'application de cet acte ; ils peuvent émaner du permissionnaire ou d'un tiers, enfin être contentieux ou purement administratifs.

Supposons d'abord que le recours est dirigé contre lui-même. Il peut être introduit par l'auteur de la demande contre l'arrêté qui a refusé l'autorisation ou l'a soumise à des conditions trop onéreuses. L'acte étant purement administratif ne saurait être attaqué que par voie administrative, soit en faisant appel au ministre de la décision du préfet (art. 6 du décret du 25 mars 1832), soit en priant le préfet, par voie gracieuse, de revenir sur sa décision. Le recours contentieux ne serait admis que pour excès de pouvoirs, au cas où l'administration ne se serait pas conformée aux lois et règlements sur la matière.

Conseil d'Etat 26 juin 1856 E. 57, 5, 125.

L'acte d'autorisation peut aussi être attaqué par les tiers, par la voie administrative ou pour excès de pouvoir dans les conditions ci-dessus indiqués. Mais il pourrait encore être attaqué par eux par voie contentieuse au cas où le propriétaire d'un établissement régulièrement créé se plaindrait du préjudice que lui cause une autorisation nouvelle en le privant, dans un intérêt purement individuel, d'une partie de la force motrice qui lui a été régulièrement concédée. L'administration est bien, en effet, maitresse des pentes et des chûtes, mais elle ne peut modifier la situation d'un établissement légalement institué, que dans un intérêt de po'ice. Sauf cette circonstance l'usine régulièrement établie constitue un droit acquis ; l'administration ne saurait la faire disparaître ou la modifier dans un intérêt purement privé.

Conseil d'Etat 26 juillet 1855. D. 63. 3, 13.

D'ailleurs, au cas où l'administration a agi conformément à ses pouvoirs et où l'acte d'autorisation se trouve inattaquable, les tiers qui se voient, atteinte dans leurs intérêts particuliers, par l'application de cet acte ne restent pas désarmés. Nous avons déjà vu, en effet que l'administration intervient ici uniquement dans l'intérêt général, qu'elle doit tenir compte autant que possible des réclamations des particuliers fondées sur des droits acquis incontestables et surseoir pour attendre la décision des juges compétents. enfin, que dans les cas où elle ne croit pas devoir surseoir, il est bien entendu que l'autorisation n'est accordée que sous réserve de tous droits émanés d'actes et titres de droit commun.

Dès lors tous les droits que les riverains tiennent de conventions titres ou actes de droit commun et que les lois civiles mettent sous la protection de l'autorité judiciaire pourront être sanctionnés par les tribunaux civils qui auront, non seulement le droit de prononcer des dommages et intérêts mais encore celui d'ordonner la destruction des travaux établis contrairement à ces conventions ou titres. La Cour de cassation, qui avait d'abord refusé ce dernier droit aux tribunaux judiciaires a modifié sur ce point sa jurisprudence.

(Cassat. 6 mai 1874, D 1. p. 377)

(Cassat. 26 juin 1876, D II. p. 227.)

A qui appartient le pouvoir réglementaire sur les cours d'eau non navigables ni flottables.

Les lois du 22 décembre 1789 et 12 août 1790 avaient conféré ce pouvoir aux administrations de département. Dès le premier empire ce pouvoir leur fut enlevé pour tout ce qui ne touchait pas aux mesures de police et remis aux mains du chef de l'Etat lui-même.

Le Conseil d'Etat ne reconnaissait qualité aux préfets et aux ministres que pour préparer et soumettre au chef du gouvernement les règlements d'eau. Cet état de choses a duré jusqu'au décret du 25 mars 1852 sur la décentralisation qui porte art. 4. Les préfets statueront sans l'autorisation du ministre des travaux publics mais sur l'avis et la proposition des ingénieurs en chef sur tous les objets mentionnés dans le tableau D ci-annexé. Et ce tableau D porte : 3° autorisation sur les cours d'eau non navigables ni flottables de tout établissement nouveau régularisation de l'existence desdits établissements ou modification des règlements existants... 5° Dispositions pour assurer le curage et le bon entretien des cours d'eau de la manière prescrite par les anciens règlements ou usages locaux.

Le préfet jouit donc aujourd'hui de la plénitude du pouvoir réglementaire sauf le droit d'annulation ou de réformation réservé au ministre des travaux publics (Décret du 25 mars 1852, art. 6.)

Police des eaux.

Deux pouvoirs peuvent concourir à la police des eaux, ce sont l'autorité administrative et l'autorité judiciaire.

Attributions de l'administration active.

L'Administration se trouve investie par les lois du 29 août 1790 et 6 oct. 1791 du pouvoir de prescrire et même d'exécuter d'office les mesures jugées propres à rétablir le libre cours des eaux. Cette faculté était indispensable pour suppléer, en cas d'urgence et en présence de dangers imminents, à l'incurie des particuliers et aux

lenteurs de la procédure judiciaire. En tant qu'elle a
pour but l'intérêt général, la police repressive de l'administration peut s'exercer dans tous les cas, qu'il existe
ou non des règlements administratifs. L'administration
n'intervient, en effet, ni pour prononcer des peines cor-
porelles ou pécuniaires, ni pour statuer sur des dommages et intérêts ; toutes ces condamnations rentrent
expressément dans la compétence judiciaire. L'administration statue seulement sur la mise du chômage, pénalité essentiellement administrative, qui n'entraine qu'une
interdiction temporaire et constitue le moyen le plus
prompt et dès lors le plus efficace en cas d'urgence, que
l'on puisse employer, lorsque l'usage abusif des eaux
occasionne des dommages considérables. (C. d'Et. 11
janv. 1838, §. Limard fix.) (rejet de recours contre décision administrative ordonnant la destruction de barrages nuisibles établis sans autorisation.

C. c., 7 avril 1846, § Dessandrais. (Hypothées, analogue.)

Compétence de l'autorité judiciaire.

Les textes qui établissent la compétence judiciaire sont
les suivants.

Loi du 6 oct. 1791.

Art. 15. Personne ne pourra inonder l'héritage de
son voisin ni lui transmettre volontairement les eaux
d'une manière nuisible sous peine de payer le dommage

et une amende qui ne pourra excéder la somme du dé-
dommagement.

Art. 16. Les propriétaires ou fermiers des moulins
où usines construits ou à construire seront garants de
tous dommages que les eaux pourraient causer aux chemins ou autres propriétés voisines par la trop grande
élévation du deversoir ou autrement, ils seront forcés
de tenir les eaux à une hauteur qui ne nuise à personne
et qui sera fixée par l'administration du département
d'après l'avis de l'administration de district.

Art. 457. C. pén, applicable au cas où la hauteur des
eaux a été fixée par l'administration.

Seront punis d'une amende qui ne pourra excéder le
quart des restitutions et des dommages et intérêts ni être
au-dessous de 50 francs, les propriétaires, fermiers etc.,
qui par l'élévation du deversoir de leurs eaux, au dessus
de la hauteur déterminée pas l'autorité compétente, auront inondé les chemins ou les propriétés d'autrui. S'il est
résulté du fait, quelques dégradations, la peine sera,
outre l'amende, un emprisonnement de six jours à un
mois.

Art. 471. Peu applicable à toute infraction aux règlements administratifs.

N° 15 seront punis d'une amende depuis un franc
jusqu'à cinq francs inclusivement. Ceux qui auront con-
trevenu aux règlements légalement faits par l'autorité
administrative.

Il y a plusieurs cas à distinguer ; la compétence et la pénalité varient suivant certaines circonstances.

En cas de dommage causé par une transmission volontaire des eaux d'une manière nuisible, la loi et la jurisprudence reconnaissent qu'il y a là un fait dont l'auteur est dans tous les cas responsable non-seulement quant à la réparation du préjudice, mais encore pénalement. Ce principe se maintient, qu'il existe ou non un règlement administratif, seulement à dommage égal, c'est l'art. 15 de la loi de 1791 qu'il faut appliquer s'il n'y a pas de règlement ; s'il en existe un, au contraire, c'est l'art. 457 du Code pénal qui est seul applicable.

Dans tous ces divers cas, c'est le tribunal correctionnel qui est compétent, mais il faut bien remarquer que le délit naît lorsque du dommage causé. Il s'ensuit que toutes les entreprises funestes et devant entraîner des conséquences désastreuses pour les intérêts généraux peuvent échapper à toute répression, jusqu'au moment où un dommage réel sera produit, c'est-à-dire jusqu'au moment où le mal sera devenu inséparable. Ces entreprises, s'il existe un règlement administratif, tomberont bien sous le coup de l'art. 471 C. p.; mais s'il n'y a pas de règlement, aucune répression n'est possible. Il y a là une situation regrettable et dangereuse cependant les préfets peuvent y remédier par des règlements qui permettent alors à l'autorité judiciaire d'appliquer aux contrevenants l'art. 471, p. et d'ordonner de plus la destruction des travaux nuisibles. On ne saurait donc trop encourager ces fonctionnaires à intervenir le plus fréquemment possible pour empêcher par des règlements prohibitifs, toutes les entreprises nuisibles qui se commettent si souvent sur les cours d'eau.

Appréciation, au point de vue économique du système qui n'attribue à personne la propriété des petites rivières.

CONCLUSION.

Nous avons établi quelle était, au point de vue juridique, la condition légale des cours d'eau non navigables ni flottables et quelles sont les conséquences à tirer du système qui considère ces cours d'eau comme *choses communes* régies par l'article 714 du Code civil. Il nous reste à examiner si ce système, qui d'après nous est le seul conforme à la loi existante, est aussi celui qui se trouve le plus en harmonie avec nos besoins économiques c'est ce que nous allons essayer d'établir en démontrant que le système consacré par la jurisprudence n'entraîne aucun des inconvénients graves qui seraient la conséquence forcée de la consécration pratique des opinions que nous avons eu à combattre,

Bien que les petits cours d'eau, ne soient pas, comme les fleuves navigables, essentiellement destinés par leur nature nature à l'usage public des transports, ils n'en offrent pas moins des avantages considérables au point de vue de l'agriculture et de l'industrie. Au point de vue de.

l'agriculture, l'irrigation est, en effet, l'agent le plus actif et le plus puissant de la production agricole Avec un bon système d'irrigations on peut arriver à changer au prairies un grand nomb e de terres à peu près improductives et augmenter ainsi la tenue du bétail et des engrais deux nouveaux éléments très considérables de production et de revenu.

Au point de vue industriel, les cours d'eau non navigables n'offrent pas une moindre importance. La production des richesses est en effet, d'autant plus grande dans un pays, que ce pays met à contribution une plus grande quantité de ces forces naturelles, dont l'usage, essentiellement économique, a pour but d'économiser le travail de l'homme et des animaux, et de fournir avec la même quantité de ce travail, une quantié de produits plus considérable. Or, l'eau courante est une des forces naturelles les plus puissantes et les plus économiques que l'industrie ait à son service. On peut, dès lors, par une sage distribution de la force motrice, multiplier sur les cours d'eau le nombre des usines, augmenter ainsi, et à peu de frais, la quantité des produits manufacturés ce qui doit forcément amener un abaissement dans les prix. En France, plus que partout ailleurs on pourrait retirer des avantages considérables de l'eau courante employée comme force motrice, d'abord à cause du grand nombre de cours d'eau qui sillonnent notre territoire, mais surtout à cause du climat tempéré dont nous jouissons. Nos rivières ne sont presque jamais gelées, et si quelques-

nnes le sont par certains hivers très rigoureux, ce n'est
guère que pour un laps de temps généralement très
court. D'autre part, il est bien rare que la sécheresse
soit assez forte même dans le midi pendant l'été pour
imposer aux usines un chômage absolu. Nous ferons
enfin valoir, en faveur de l'emploie de l'eau courante
comme force motrice, l'influence bienfaisante qu'exercent les barrages établis pour les usines, comme régulateurs de la marche du cours d'eau. On a remarqué que
ces barrages, en modérant la vitesse du courant,
avaient pour effet d'atténuer beaucoup les conséquences
graves qui résultent souvent de l'action violente des
eaux.

Quel est dès lors le devoir du législateur en présence
de ces deux grands intérêts, éminemment distincts, mais
également respectables, de l'agriculture et de l'industrie ?
Quel est le but qui doit être recherché et réalisé ? Il
s'agit évidemment tout d'abord d'éviter les conséquences,
funestes pour tous, d'une mauvaise direction des eaux et
d'en assurer le libre cours afin de prévenir les remous
nuisibles, les inondations, etc. Il s'agit en second lieu de
régler d'une manière équitable et éclairée les droits respectifs des particuliers, usiniers et agriculteurs, et d'encourager le plus possible les diverses entreprises utiles,
tout en protégeant les établissements déjà régulièrement
installés sur les cours d'eau.

Recherchons maintenant, parmi les divers systèmes
proposés, quel est celui qui se trouve le plus conforme à
ces principes.

Supposons que les cours d'eau doivent être rangés dans le domaine public. Il est donc à remarquer que ces cours d'eau n'étant pas, comme les rivières navigables, destinés par leur nature à un usage public, ne pourraient être affectés qu'à l'usage des industriels ou agriculteurs, c'est-à-dire à des usages privés. Rangés cependant par la loi dans une catégorie de biens essentiellement inaliénables, il résulterait forcément de leur nouvelle condition qu'aucun particulier ne pouvant prétendre à un droit sur ces rivières toute concession faite aux riverains serait faite à charge de redevance et serait de plus essentiellement révocable sans indemnité, même au cas où l'administration se proposant d'exécuter certains travaux publics, ordonnerait dans ce but la suppression des ouvrages établis.

La suppression de la force motrice sans indemnité, la nécessité de fournir une redevance pour élever un barrage ou une prise d'eau sont autant de conditions peu propres à favoriser les entreprises industrielles et agricoles. Une telle législation, constituerait au contraire une déplorable entrave à l'initiative privée et irait précisément contre le but que doit se proposer le législateur. Si de semblables conditions peuvent et doivent être imposées à toute concession faite sur une rivière navigable, c'est qu'il s'agit en ce cas de l'intérêt de la navigation, considéré comme supérieur à ceux de l'agriculture et de l'industrie, mais, en tant que cet intérêt public n'est pas à sauvegarder, la propriété publique des petites rivières n'offrirait que des inconvénients. Sans doute, l'Etat étant propriétaire de ces rivières, l'administration pourrait en diriger les eaux et en opérer l'attribution dans le sens le plus favorable à l'intérêt général, mais il n'est pas nécessaire de ranger les petits cours d'eau dans le domaine public pour reconnaître à l'administration un semblable pouvoir.

Si nous supposons, au contraire, que les petits cours d'eau appartiennent aux riverains, nous allons voir que ce système entraîne des conséquences bien plus funestes que le précédent.

Maîtres de disposer sans contrôle des pentes et des chûtes, les particuliers, ne songent qu'à retenir pour leur usage la plus grande quantité d'eau possible, se garderaient bien d'observer, dans la plupart des cas, les conditions d'intérêt général qu'il est nécessaire d'observer dans l'établissement des ouvrages régulateurs : Tel usinier inonderait par un barrage mal établi toutes les propriétés riveraines, plus-loin ce serait un agriculteur, qui, usant sans discernement de son droit d'irrigation, paralyserait la marche d'un établissement voisin. Chaque riverain ayant le droit de disposer de la pente le long de sa propriété userait de ce droit et grâce au morcellement si considérable de la propriété foncière dans notre pays, on aurait ainsi une série de barrages trop rapprochés les uns des autres qui finiraient par détruire complètement la force motrice à force de la diviser.

Libres d'entreprendre sans contrôle toute espèce d'ouvrages sur la rive, les particuliers, n'écoutant que leur propre intérêt, établiraient souvent des ouvrages défensifs qui amèneraient l'inondation des autres fonds riverains à la première crue du fleuve. De graves inconvénients résulteraient encore des travaux entrepris pour la consolidation des alluvions ou du défaut de curage qu'aucune autorité n'aurait le droit d'imposer.

En un mot, ce système de liberté, qui ne serait au fonds qu'un système de licence, entraînerait des conséquences désastreuses pour l'agriculture et l'industrie et établirait entre les riverains un conflit, un état de lutte permanent.

Si nous apprécions maintenant le système adopté par la jurisprudence il est facile de se convaincre que ce système, loin d'entraîner les conséquences gravesqui résulteraient forcément de la consécration des deux opinions précédentes est le seul qui permette de concilier entre eux les intérêts opposés de l'agriculture et de l'industrie d'assurer entre les divers intéressés une équitable distribution des avantages que peut offrir le cours d'eau et de concilier enfin les intérêts généraux de la salubrité et de la propriété publique avec les nombreux intérêts particulier dans lesquels ces intérêts généraux se trouvent plus ou moins engagés.

Quel est en effet, le point de départ de ce système ? Il commence par poser en principe que les eaux courantes n'appartiennent à personne et font partie de cette caté-

gorie de biens régis par l'article 714 du Code civil. Nous
avons déjà justifié ce principe au point de vue juridique
mais il se justifie encore bien mieux par cette considération qu'il est le seul conforme à la nature des choses. Les
eaux courantes obéissent, en effet, à une loi immuable
de la nature qui veut qu'elles puissent s'écouler toujours
librement vers les fonds inférieurs et répartir ainsi les
avantages qu'elles offrent entre tous ceux qui sont dan
une situation de pouvoir en profiter.

Une telle situation doit forcément faire écarter l'idée
de propriété, c'est-à-dire d'un droit exclusif attribué à
chaque riverain en regard de son fonds et en vertu
duquel il arriverait presque toujours à annihiler les droits
des riverains inférieurs. Les seuls droits que l'on puisse
dès lors reconnaître aux riverains sont des droits d'usage,
des droits de jouissance sur les cours d'eau ; c'est ce
qu'à fait la jurisprudence dont le système se confond
avec la loi elle-même. Mais ces droits, conférés par la
loi, sont forcément indivis, il était impossible d'en régler
d'avance le partage dont les circonstances et les besoins
de chacun doivent seuls fournir les éléments, de cette
indivision doivent naître des luttes et des querelles, in-
terminables avec le système précédent, et que le législateur doit prévenir et faire cesser. C'est ce qu'à reconnu
le système de la jurisprudence, en attribuant à une autorité supérieure, le pouvoir d'organiser pratiquement la
concession faite aux riverains par la loi.

Deux pouvoirs ont reçu cette mission avec des attributions distinctes, l'autorité administrative et l'autorité judiciaire.

Ainsi les riverains, sans être propriétaires des cours d'eau, se voient investis de prérogatives considérables. La loi leur accorde des droits d'usage et de jouissance, véritables droits réels, dont l'existence et l'exercice se trouvent puissamment garantis et qui ne sauraient leur être enlevés sans indemnité. Ce principe est formellement consacré par la jurisprudence, qui repousse depuis longtemps, comme nous l'avons établi, la clause de non indemnité et assure dans tous les cas aux riverains la réparation du préjudice causé au cours de l'exécution de travaux publics. Il est donc facile de se convaincre que ce système accorde en réalité aux riverains de bien plus grands avantages que la doctrine qui leur attribue la propriété absolue du cours d'eau. D'une part, en effet, ils profitent dans le premier cas comme dans le second de toutes les qualités utiles de la rivière, de plus l'intervention de l'autorité administrative assure à chacun la part qui doit lui revenir dans une équitable répartition des eaux et met ainsi chaque riverain à l'abri des entreprises nuisibles d'un voisin trop intéressé. Enfin, les riverains, simples usagers d'une chose commune suivant la jurisprudence, se trouvent dispensés de payer l'impôt auquel ils feraient forcément soumis comme propriétaires d'une partie de cours d'eau. Il est donc incontestable que notre système fait une large part aux intérêts privés.

Mais c'est surtout au point de vue des intérêts géné-

raux de l'industrie et de la salubrité publique qu'il offre
de sérieux avantages. Ce système laisse, en effet, dans le
domaine commun les pentes et les chûtes, attribuant à
l'administration le droit exclusif d'en disposer. L'administration appelée à déterminer la hauteur de toutes les
retenues d'eau et à réglementer tous les ouvrages régulateurs, peut apprécier sainement et exactement, grâce
au concours éclairé de ses ingénieurs, toutes les circonstances locales, elle peut ainsi tenir compte de tous les
intérêts privés, tout en encourageant puissamment les
entreprises industrielles, et éviter enfin, par une sage
distribution des pentes, les inondations, les remous nuisibles et autres événements calamiteux.

La jurisprudence a si bien compris la nécessité impé-
rieuse d'établir une surveillance active et éclairée sur
l'emploi d'un agent naturel touchant à un si grand nombre d'intérêts que l'eau courante, qu'elle a donné l'interprétation la plus large possible, par ces décisions, aux
textes qui attribuent à l'autorité administrative le pouvoir réglementaire dont elle est investie.

En tant qu'il s'agit de veiller, dans l'intérêt général,
au meilleur mode d'écoulement ou de distribution des
eaux, le pouvoir de l'administration est absolu : aucune
jouissance n'est possible sans son autorisation et elle peut
même, toutes les fois que les intérêts généraux l'exigent
modifier, ou révoquer par un règlement général, les autorisations déjà données. Nous lui avons enfin reconnu,
en vertu de la loi du 20 août 1790 le droit de faire dis-

paraître par voie coercitive tous les ouvrages nuisibles maintenus contrairement à ses règlements.

Nous nous trouvons en somme en présence d'un système, qui, tout en assurant le maintien et l'exercice régulier de tous les droits privés compatibles avec l'usage commun auquel sont destinées les petites rivières permet de favoriser puissamment le dévelo pement de la richesse publique ce système est évidemment le meilleur.

Il est consacré depuis si longtemps, sans la moindre hésitation, par la jurisprudence qu'on ne saurait aujourd'hui le combattre avec chance de succés, aussi pensons-nous qu'une disppsition législative sur ce sujet serait à pou près inutile. Elle ne ferait que confirmer la jurisprudence en vigueur.

Mais le régime des eaux, tel que nous venons de l'exposer, n'en offre pas moins de graves inconvénients, qui ont motivé depuis longtemps en France de nombreuses réclamations tendant à la réforme de notre législation rurale et c'est surtout en ce qui concerne l'irrigation que les lacunes et les vices de nos lois ont été le plus vivement senties. Beaucoup de bons esprits pensent que c'est là une des causes principales de notre infériorité en agriculture sur des nations moins favorisées que nous par le sol et le climat.

Les statistiques prouvent, en effet, que malgré tous les progrès qu'a fa t de nos jours, l'industrie agricole nous payons encore un tribut annuel très considérable à l'étranger pour nos approvisionnements en viandes et cé-

réales, et les personnes qui s'occupent d'économie ru-
raledéclarent unanimement que tout le mal vient de ce que
la France manque de prairies. Nos cultivateurs essaient
bien de subvenir à leurs besoins au moyen de prairies
artificielles, mais ils n'obtiennent que de fort mauvais
résultats. Il faudrait, pour remédier promptement à ce
vice de notre agriculture nationale organiser un bon système d'irrigations qui permit d'augmenter les arrosages
par une meilleure utilisation de nos cours d'eau. Une
telle réforme effacerait bien vite les résultats fâcheux, au
point de vue économique, du régime des eaux actuelle. Il
ne faut pas oublier en effet, que notre pays est sillonné
par un grand nombre de rivieres et qu'il se trouve d'autre part, dans une situation exceptionnelle au point de
vue du climat ; il suffit d'ailleurs pour avoir une idée des
résultats qu'il faudrait attendre d'une réforme de notre
système d'irrigations de rappeler le succès qu'ont obtenu autrefois les expériences tentées sur divers points.
Lors de la discussion de la loi de 1815, le ministre de
l'agriculture affirmait que, dans le midi l'arrosage des
terres en triplait au moins la valeur et il ajoutait à titre
d'exemple que notamment, sur les bords de la Durance,
des terrains très vastes où l'on ne voyait autrefois que
des pierres, avaient acquis par l'irrigation, une valeur a
de prix de 5,000 francs l'hectare.

Depuis cette époque quelques réformes ont été introduites par les lois de 1845, 1547, 1854, 1865 qui prouvent bien que la législation et le gouvernement se sont

émus, a plusieurs reprises des imperfections de nos lois rurales.

Mais, malgré tous ces efforts on n'a fait jusqu'ici que bien peu de progrès dans la voie des améliorations. On a attribué ces mauvais résultats à plusieurs causes. L'extrême division du sol, la difficulté que présente l'organisation et le fonctionnement des associations syndicales, enfin et surtout l'attribution exclusive faite aux riverains du droit de prise d'eau dans les petites rivières. C'est sur ce dernier point surtout que notre législation a été l'objet des plus vives critiques; ainsi l'on a bien des fois répété au cours de l'enquête agricole de 1866 qui, pour rendre sérieuse la pratique des irrigations il fallait déclarer que tous les cours d'eau pérennes, même les non navigables, faisaient partie du domaine public. Nous ne pensons pas qu'il soit nécessaire d'aller aussi loin et ce système offrirait d'après nous des inconvénients graves que nous avons signalés plus haut. Il fut d'ailleurs repoussé par la Commission d'enquête qui décida cependant qu'il conviendrait de donner à l'administration le droit de disposer en faveur des non riverains des eaux des rivières non navigables et non flottables qui ne seraient pas utilisées par les riverains eux-mêmes lorsque ces dérivations auraient pour objet des entreprises industrielles ou agricoles d'intérêt public ou collectif. »

Ce principe, qui consiste à étendre aux non riverains les avantages offerts par le cours d'eau sans changer la condition légale de celui-ci, doit, d'après nous, être ce

fondement d'une nouvelle législation sur les petites rivières et nous ne saurions même admettre aucun droit
de préference pour les riverains.

Nous sommes peu touché en effet, de l'argument que
l'on a fait valoir en leur faveur et qui consiste à dire que
ces propriétaires ayant à subir le préjudice qui résultent
du voisinage du cours d'eau doivent en retour, jouir de
toutes les qualités utiles de ce cours d'eau. Il est bien
facile de s'apercevoir que la situation des riverains est
une situation privilégée qui comporte pour eux beaucoup plus davantages que d'inconvénients. Pour nous,
nous verrions une compensation suffisante des dommages
qui peuvent résulter pour les riverains du voisinage en
cours d'eau, dans l'attribution que la loi leur a faite, des
alluvions attérissements et îles, nous consentirions même
à leur abandonner le droit de pêche qui peut être exercé
plus facilement par eux que par un non riverain et qui
est, en somme un droit de médiocre importance. Mais,
en présence de nos besoins toujours croissants, et particulièrement de la crise que subit dans le midi notre industrie agricole, nous verrions un remède très efficace
dans l'extention du droit de prise d'eau au profit de tous
les propriétaires non riverains qui pourraient retirer
d'une dérivation des eaux un avantage sérieux au point
de vue industriel ou agricole. Il faudrait, pour obtenir
ce résultat, faire disparaître l'article 644 du Code civil,
attribuer indistinctement à tous les propriétaires qui
pourraient en user utilement les bénéfices des lois de

1845 et 1847, sans les limiter aux besoins de l'irrigation, et imposer la servitude d'appui aux deux rives. L'eau courante n'étant plus grevée par la loi d'aucune espèce de droit réel deviendrait dès lors une *res nullais* dans le sens absolu du mot, et l'administration se trouverait par suite investie du droit d'en permettre l'occupation régulière à tous ceux qui pourraient en user utilement, tant dans leur propre intérêt que dans l'intérêt général. Les riverains n'en conserveraient pas moins, en fait, un grand avantage sur les autres propriétaires L'assiette de leurs propriétés leur permet, en effet, d'user des eaux avec beaucoup moins de frais et dès lors avec plus de profit que n'en pourraient tirer, les propriétaires non riverains ; l'administration serait donc portée à leur accorder, plus volontiers qu'à tous autres, l'autorisation de dériver les eaux, mais, dans le cas où ils néglige-raient de profiter de la situation plus favorable que leur fait la position de leurs fonds, l'administration, en vertu de son pouvoir de diriger les eaux vers un but d'utilité générale, pourrait très souvent, étendre le bénéfice de l'irrigation à des terres qui n'en peuvent jouir avec la législation actuelle.

Avec un tel régime, l'administration se trouverait investie d'un large pouvoir d'appréciation qui lui per-mettrait de favoriser beaucoup le développement de l'agriculture et de l'industrie.

L'étude d'un Code rural a été plusieurs fois reprise et toujours abandonnée jusqu'ici par nos législateurs, mais;

un nouveau projet, dont le Sénat a déjà voté plusieurs titres, est en ce moment soumis à nos assemblées législatives et il est permis d'espérer que cette œuvre, si souvent interrompue, pourra être menée à bonne fin dans un temps peu éloigné. Le législateur ne saurait se refuser à donner satisfaction, dans une large mesure, aux besoins de réformes si souvent manifestés.

POSITIONS.

Droit Romain

Tous les cours d'eau perennes n'étaient pas, à raison de ce caractère, placés dans la catégorie des choses publiques.

Le droit qu'on a appelé *accession* existait dans la législation romaine comme mode particulier d'acquérir.

Les pactes et stipulations ne pouvaient, même sous Justinien, constituer de véritables servitudes.

La règle : « nuptias non concubitus sed consensus facit. » ne signifiait pas que le mariage se forme *sola consensu.*

Droit Civil.

Le lit desséché d'un cours d'eau appartient à l'Etat.

Il n'existe aucune présomption légale en vertu de laquelle le propriétaire de l'usine serait propriétaire du canal qui l'alimente et de ses bords.

Les riverains des petits cours d'eau n'ayant de droits privés à exercer sur eux que ceux qui leur sont expressément conférés par le Code, ne sauraient, dans aucun cas, disposer de la pente sans autorisation.

Les riverains troublés dans la possession annulée d'un cours d'eau ne sont recevables à exercer les actions possessoires que quand, à défaut de titre, ils ont fait des ouvrages impliquant une contradiction à l'exercice de la faculté des autres riverains.

Droit Administratif.

Si un particulier se plaint que l'administration ait, en fixant la largeur d'un cours d'eau navigable empiété sur des alluvions qu'il prétend avoir acquises, il y a litige administratif.

Les riverains des petits cours d'eau, lésés dans leurs droits d'usage par un acte administratif rendu dans un intérêt purement privé, sont admis à demander l'annulation de cet acte comme entaché d'excès de pouvoirs.

Les atterrissements qui se forment dans les cours d'eau navigables appartiennent à l'État.

Droit Criminel.

L'attaque à la mémoire d'un mort ne constitue pas le délit de diffamation.

Les condamnations par contumace n'entraînent pas l'interdiction légale.

Droit Commercial.

Le commissionnaire qui agit au nom et pour le compte du commettant n'est qu'un mandataire.

Le commissionnaire acheteur n'a pas le privilège de l'article 95 du Code de commerce.

Vu par nous, Professeur, Président de la Thèse,

ALFRED GAUTIER.

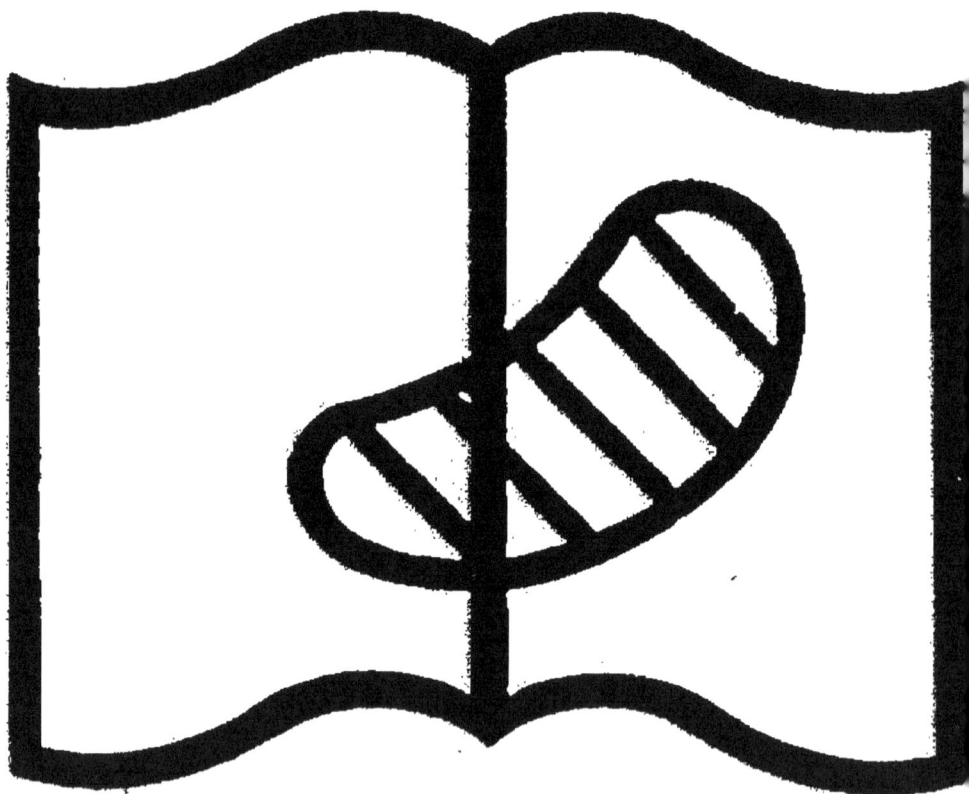

www.ingramcontent.com/pod-product-compliance
Lightning Source LLC
Chambersburg PA
CBHW052357090426

42739CB00011B/2410